Rolf Sellin
Bis hierher und nicht weiter

ROLF SELLIN

Bis hierher und nicht weiter

Wie Sie sich zentrieren, Grenzen setzen und gut für sich sorgen

Kösel

Der Verlag weist ausdrücklich darauf hin, dass im Text enthaltene externe Links vom Verlag nur bis zum Zeitpunkt der Buchveröffentlichung eingesehen werden konnten. Auf spätere Veränderungen hat der Verlag keinerlei Einfluss. Eine Haftung des Verlags ist daher ausgeschlossen.

FSC® www.fsc.org MIX Papier aus verantwortungsvollen Quellen FSC® C083411

Verlagsgruppe Random House FSC® N001967

4. Auflage

Neumarkter Str. 28, 81673 München
Umschlag: Monika Neuser, München
Umschlagmotiv: plainpicture/BY
Druck und Bindung: CPI books GmbH, Leck
Printed in Germany
ISBN 978-3-466-30998-6
www.koesel.de

Dieses Buch ist auch als E-Book erhältlich.

Inhalt

Anhang

Geht es Ihnen manchmal auch so?

- Fällt es Ihnen häufig schwer, anderen einen Wunsch abzuschlagen?
- Arbeiten Sie manchmal sehr lange, ohne Pausen zu machen, und stellen am nächsten Tag fest, dass Sie dann nicht leistungsfähig sind?
- Geben Sie oft mehr, als im Nachhinein gut gewesen wäre?
- Könnten Sie in manchen Situationen ausrasten? Oder rasten Sie manchmal tatsächlich aus?
- Haben Sie schon einmal einen Kontakt abgebrochen, der zuvor sehr eng war?
- Haben Sie manchmal das Gefühl, dass Sie anderen zu lange zuhören, Sie selbst aber kein offenes Ohr finden, wenn Sie es einmal bräuchten?
- Erleben Sie das Zusammensein mit anderen häufig als anstrengend?
- Geht es Ihnen im Kontakt manchmal so, dass Sie leicht Ihren eigenen Standpunkt verlieren?
- Fühlen Sie sich bisweilen wie gezwungen, anderen zuzustimmen und sie in ihrer Anschauung zu bestätigen?
- Drücken Sie sich mitunter lange herum, wenn Sie eine Einladung nicht annehmen möchten?
- Kümmern Sie sich manchmal um die Probleme anderer und stoßen auf Ablehnung, wenn Sie Lösungsvorschläge machen?
- Essen Sie häufig mehr, als Ihnen guttut?
- Nehmen Sie die Anliegen anderer wichtiger als Ihre eigenen?
- Sitzen Sie manchmal wie auf Kohlen bei einer Einladung? Eigentlich möchten Sie gern gehen, doch Sie trauen sich nicht, sich zu verabschieden und aufzubrechen.
- Fällt es Ihnen zuweilen schwer, den Computer oder Fernseher auszuschalten, und fehlt es Ihnen danach an ausreichend Schlaf?
- Machen Sie manchmal Zusagen oder Versprechungen, ohne nachzudenken? Und fällt es Ihnen danach schwer, sie einzuhalten oder zu erfüllen?

- Wenn auch Sie lieber rechtzeitig Pausen machen und am Ende mehr erreichen möchten,
- wenn Sie auch besser für sich sorgen möchten,
- wenn Sie lieber zum richtigen Zeitpunkt Nein sagen möchten,
- wenn Sie Kontakte entspannter erleben möchten,
- wenn Sie es auch nicht mehr so weit kommen lassen möchten, dass Kontaktabbruch der letzte Ausweg für Sie darstellt,
- wenn Sie im Alles-oder-nichts-Geben auch keine angemessene Lösung sehen,
- wenn Sie selbst nicht länger zu kurz kommen möchten,
- wenn auch Sie in klaren Verhältnissen leben möchten,

dann finden Sie in diesem Buch wichtige Erkenntnisse und zahlreiche konkrete Methoden, um sich im Alltag rechtzeitig abgrenzen zu können. Der Test zur Selbsteinschätzung (siehe Anhang) und die Besinnungsfragen am Ende des ersten Kapitels ermöglichen es Ihnen, die Bereiche, in denen Ihre Abgrenzungsfähigkeiten ausbaufähig sind, klarer zu identifizieren.

Vorwort: »Grenz dich doch ab!« – aber wie?!?

»Grenz dich doch ab!« – Das sagt sich so einfach. Wie oft bekommt man so etwas zu hören! Und das gerade dann, wenn man es am wenigsten braucht! Früher, als ich mich eben noch nicht abgrenzen konnte, musste ich solche klugen Sprüche öfter über mich ergehen lassen. Sie haben mir nicht gerade geholfen. Im Gegenteil, sie erschwerten mir damals meine Situation sogar noch: Da hatte ich erst einmal mit dem zu kämpfen, gegen das ich mich eben noch nicht abgrenzen konnte, und dann kam auch noch die Enttäuschung darüber hinzu, dass der Mensch, dem ich mich mit meinem Problem anvertraut hatte, mich nicht nur nicht verstand und mir nicht half, sondern – schlimmer noch – einfach mit diesem lapidaren Spruch über meine Situation hinwegging. Vielleicht war es sogar jemand, dem ich bei anderer Gelegenheit mit Verständnis lange zugehört und den ich wieder aufgebaut hatte. Und nun spürte ich, wie er sich gegenüber meinen Schwierigkeiten einfach abgrenzte und für mich nicht erreichbar war. Leider verriet er mir auch nicht, wie ich ganz konkret vorzugehen hätte, damit am Ende so etwas wie Abgrenzung für mich dabei herauskommen könnte. Jetzt musste ich mich nicht nur dem ursprünglichen Anlass gegenüber abgrenzen, sondern eigentlich auch noch gegenüber der Person, die so klug daherredete! Doch wie man das macht, das wusste ich immer noch nicht. Nur der Druck war größer geworden.

Die Erkenntnis der Notwendigkeit, sich abzugrenzen, ist verbreitet. An schlauen Worten, die dazu raten, besteht kein Mangel. Leider fehlt es oft an probaten Methoden, wie das denn ganz konkret zu erreichen wäre. Auch über die Lage der Grenzen besteht Unklarheit. Und selbst wenn man die eine oder andere Methode zur Abgrenzung erlernt hat, kann man sie oft dennoch nicht erfolgreich anwenden, weil man mit den Hindernissen, die unser Bemühen unterlaufen können, nicht gerechnet hatte. – Genau davon handelt dieses Buch: Was Grenzen sind und wo sie tatsächlich liegen, wie Sie sich ganz konkret abgrenzen, gedanklich, körperlich, mit welchen Signalen in der Kommunikation und auch energetisch. Ebenso werden die Hindernisse und der Widerstand, auf die Sie stoßen können, angesprochen. Vorgestellt wird zudem eine Methode, die über die Abgrenzung hinausgeht. Sie hilft in den Situationen, in denen es uns *nicht* möglich ist, uns abzugrenzen.

Was Abgrenzung nicht ist

Immer wieder bin ich auf Missverständnisse gestoßen, darum spreche ich sie gleich im Vorfeld an: Manche Menschen stellen sich unter Abgrenzung das Errichten von unüberwindlichen Mauern vor, den totalen Rückzug oder den Abbruch von Kontakten. Sie scheinen auch nur zwei Möglichkeiten zu kennen: Entweder sind sie ganz offen anderen gegenüber oder sie verschließen sich komplett. Entweder – oder. Dazwischen gibt es nichts. So war es bei mir früher auch. Entweder war ich in geradezu naiver Weise offen für andere und damit leider auch für mögliche Verletzungen, oder ich zog mich verletzt und misstrauisch zurück und machte dicht, weil ich zuvor viel *zu* offen gewesen war. Im Extremfall brach ich sogar den Kontakt ganz ab. Alle diese Fehler habe ich selbst gemacht! Manchmal kommt man wohl nicht um Irrtümer herum. Im Nachhinein bin ich sogar dankbar dafür, denn Fehler, Schuld und Schmerz ermöglichen uns, bewusst zu werden und uns zu entwickeln. Erst allmählich erkannte ich, dass es zwischen diesen beiden Extremen unendlich viele differenzierte Möglichkeiten von Nähe und Abstand gibt. Erst das fein abgestimmte Öffnen und Schließen ermöglicht uns

Begegnung und Nähe. Es verhindert, dass wir uns selbst verlieren, und beugt zugleich der Möglichkeit vor, verletzt oder ausgenutzt zu werden.

Erst das ist gekonnte Abgrenzung: das passende Maß an Nähe und Distanz für die jeweilige Situation herzustellen. Dann ist man auch in der Begegnung noch bei sich, man ist im Kontakt mit dem anderen, ohne seine Eigenständigkeit zu verlieren. Den anderen schließen wir nicht aus, auch wenn wir ihm Grenzen setzen. Sich abzugrenzen ist alles andere als Mauern zu bauen oder den Kontakt abzubrechen. Über sichere Grenzen ist Kommunikation und Freundschaft möglich. Grenzen sorgen für stabile soziale Verhältnisse und sogar für Harmonie und Frieden: Gute Zäune – gute Nachbarn!

Grenzen nicht nur gegenüber anderen

Manche Menschen übersehen allzu leicht ihren eigenen Beitrag, den sie selbst geleistet haben, wenn es zu Grenzverletzungen kommt, zum Beispiel ihre unklaren Signale in der Kommunikation. Vielleicht haben wir sogar indirekte Einladungen ausgesprochen, doch noch etwas näher zu kommen. Im Extremfall vergessen wir, dass wir zuvor »Gutscheine« und »Blankoschecks« verteilt haben. Einige von uns übersehen auch ihre eigene Tendenz, über die Grenzen anderer hinwegzugehen, ganz einfach weil sie keinen Sinn für Grenzen entwickeln konnten.

Die meisten Grenzverletzungen jedoch werden wohl sich selbst gegenüber begangen. Wichtig sind nicht nur die Grenzen gegenüber anderen, sondern auch das Einhalten der eigenen Grenzen, etwa in Bezug auf die eigene Leistungsfähigkeit, unsere Ansprüche ans Leben und Ansprüche an uns selbst. Während wir den Druck auf uns selbst bis ins Unendliche erhöhen, erreichen wir oft selbst faktisch immer weniger. Dann leiden wir nicht nur an unserer eigenen Unzufriedenheit, sondern häufig auch an Symptomen, die eigentlich verspätete Grenzwächter sind.

Auch dieses Buch verdankt seine Entstehung der Abgrenzung.

Ohne Eingrenzung des Themas, ohne Begrenzung auf den Umfang dieses Buches, ohne die Abgrenzung auf das, was man durch ein Buch vermitteln kann, wäre es wohl kaum in Ihre Hände gelangt. Es wäre viel zu lang geworden, es hätte einen entsprechend höheren Preis gehabt und – ach ja! – wahrscheinlich wäre das Manuskript noch längst nicht fertig … Auch Sie werden sich dem Thema Abgrenzung nur eine begrenzte Zeit widmen wollen, denn es gibt noch andere Themen und andere Tätigkeiten im Leben als das Lesen.

Nicht nur für Menschen mit zu dünner Haut

Mein erstes Buch, *Wenn die Haut zu dünn ist: Hochsensibilität – vom Manko zum Plus*, habe ich den Hochsensiblen gewidmet, zu denen ich selbst auch gehöre. Hochsensible (HSP – *Highly Sensitive Persons*) sind Menschen, die mehr Reize aufnehmen als andere. Sie schauen weiter über ihren Tellerrand und tiefer in die Suppe: in ihre eigene und häufig auch in die Suppen der anderen. Entsprechend viele Reize haben sie dann zu verarbeiten. Hochsensible, die versucht haben, sich anzupassen, und die sich bemüht haben, eben nicht so sensibel zu sein, wie sie es von Natur aus sind, haben grundsätzlich ein Problem mit der Abgrenzung. Sie sind dann gewöhnlich nicht zentriert und energetisch nicht bei sich. Zum Beispiel sind sie im Gespräch ganz bei ihrem Gegenüber und verlieren sich häufig im anderen. Wer energetisch gar nicht bei sich ist, der kann sich auch nicht abgrenzen.

Hochsensible, die *Wenn die Haut zu dünn ist* kennen, können *Bis hierher und nicht weiter* wie eine Fortsetzung lesen, denn es bietet noch mehr praktische Methoden für den Alltag. Das vorliegende Buch wendet sich bewusst nicht nur an Hochsensible, sondern an alle Leser, die Schwierigkeiten mit der Abgrenzung haben. Dazu gehören auch viele normal sensible Menschen. – Wenn Sie jedoch während der Lektüre dieses Buches wiederholt auf den Gedanken stoßen, dass auch Sie vielleicht hochsensibel sein könnten (immerhin sind 15 bis 20 Prozent der Menschen als

Hochsensible geboren), dann empfehle ich Ihnen ebenfalls die Lektüre meines ersten Buches. Es enthält übrigens auch zwei Tests, durch die Sie Aufschluss darüber erhalten, ob Sie (oder Ihr Kind) selbst zu den Hochsensiblen gehören.

Sie entscheiden: Ein Buch zum Schmökern oder ein ganzes Seminar

Schon mein erstes Buch ist für viele Menschen zu einem Begleiter geworden, zu einer Art Brevier, das auf dem Nachttisch oder im privaten Sekretär für lange Zeit einen festen Platz gefunden hat. An manchen Exemplaren ließ sich leicht ablesen, wie stark das Buch gebraucht wurde, so steckten zum Beispiel zwischen den Seiten viele kleine Zettel, die wichtige Stellen markierten. Fast auf jeder Seite waren Zeilen angestrichen oder farblich unterlegt. Man konnte deutlich sehen, mit dem Buch war gelebt worden, und es wurde mit ihm immer noch gearbeitet. Auch dieses Buch ist als Kompendium gedacht. Allein die vielen Methoden ermöglichen, sich längere Zeit aktiv mit ihm zu beschäftigen.

Bis hierher und nicht weiter bietet mehr als nur Informationen über Abgrenzung. Es gibt Ihnen ganz konkrete Anleitungen, wie man sich abgrenzt, und lädt Sie ein, die Methoden auszuprobieren. Es kann Sie über längere Zeit begleiten. Vielleicht werden Sie es zunächst einmal durchlesen, um die Zusammenhänge zu verstehen und zu erkennen, wie sich fehlende Abgrenzung auf Ihr Leben konkret auswirken kann, und dann später die konkreten Methoden und Techniken ausprobieren, die seinen eigentlichen Wert ausmachen. Solch ein Buch bietet Ihnen viel, doch es stellt dann auch die entsprechenden Ansprüche. Sie als Leser, als Leserin bestimmen selbst, wie nah Sie das Wissen an sich herankommen lassen möchten und wo Sie sich abgrenzen.

BEGRENZEN SIE SICH SELBST, WENN SIE JETZT LERNEN, SICH ABZUGRENZEN

Selbstbegrenzung und Abgrenzung sind nicht nur ein theoretisches Thema dieses Buches, sondern auch ein ganz praktisches durch die Vorstellung der Methoden. Mehr noch: Sie können auch bei der Anwendung der Methoden zur Selbstbegrenzung sich selbst begrenzen lernen. Und das heißt ganz konkret, dass Sie sich beim Ausprobieren nicht selbst überfordern.

Wenden Sie also lieber weniger an als alles auf einmal. Wenn Sie zu viel auf einmal versuchen, könnten Sie am Ende viel weniger erreichen. Begrenzen Sie sich also selbst, auch wenn Sie wissen, dass es auf den nächsten Seiten noch mehr gibt und dahinter sogar noch viel mehr. Lassen Sie sich Zeit, auch wenn das Problem mit den Grenzen auf den Nägeln brennen sollte. Denn nur so können Sie lernen und Ihre Handlungsmöglichkeiten erweitern: Schritt für Schritt.

»Alles ist machbar!«: Wollen wir uns überhaupt begrenzen?

Die meisten Menschen hören das Wort Grenze nur ungern. Wer wünscht sich das nicht: eine Welt ohne Grenzen? – Mit Grenzen verbinde auch ich zunächst keine so guten Erinnerungen. Hinter dem Dorf, in dem ich meine ersten Lebensjahre verbrachte, lag gleich die Zonengrenze. Sie war streng bewacht. Die Erwachsenen erzählten sich noch Geschichten von Grenzgängern, von denen nicht alle ihr Ziel erreicht haben, und später war es kaum möglich, unversehrt durch die Selbstschussanlagen zu kommen. Auch das: Die Grenzkontrollen im Interzonenzug, sie waren stets von Herzklopfen begleitet.

Mit Grenzen im übertragenen Sinne, um die es in diesem Buch geht, habe ich ebenfalls zunächst keine guten Erfahrungen gemacht. Wenn ich als kleiner Junge zu weit ging, dann konnte es sein, dass mein sonst so toleranter und gutmütiger Vater plötzlich ganz andere Seiten von sich zeigte, er wurde laut und jähzornig. Er konnte mit Grenzen ebenso wenig umgehen wie meine Mutter. Sie rastete in solchen Situationen nicht aus, sondern wurde still und blass, dann versorgte sie uns Kinder zwar, doch sie war für uns kaum erreichbar. – Diese Grenzen waren immer erst spürbar in Verbindung mit Explosionen oder mit Implosionen: dann, wenn es zu spät war. Einer fühlte sich immer schuldig dabei. Und manchmal sogar alle Beteiligten.

Auch das hätte ich wahrnehmen können: die angenehmen Wirkungen von klaren Grenzen. Doch sie fielen weniger auf, denn sie waren ganz alltäglich. Der Zaun mit der Buchenhecke fällt mir ein, durch diese Grenze konnten wir Kinder im Garten frei und unbeaufsichtigt spielen, sicher vor der Straße. Zwischen Hecke und Stauden konnten unsere Katzen in Ruhe dösen und sich räkeln, auch wenn die Nachbarshunde sich auf der anderen Seite des Zauns heiser bellten. Wenn ich meine Ruhe haben wollte, konnte ich die Tür zu meinem Zimmer hinter mir schließen, ebenso konnte ich sie offen lassen, wenn ich mich bei meinen Hausaufgaben nicht allein fühlen wollte. Selbst bei offener Tür war deutlich, dass hier mein Reich war. Im Sekretär hatte ich ein Fach entdeckt, das mit einem besonderen Mechanismus zu öffnen war. Dort bewahrte ich zunächst kleine Schätze sicher auf, später mein Tagebuch, dem ich meine Geheimnisse anvertraute. Ein wenig Mehl als Detektivpulver hätte jeden Übergriff auch nachträglich noch verraten. – Alle diese Grenzen boten Schutz und ermöglichten Ruhe, Harmonie und Freiheit.

Die Ideologie der Grenzenlosigkeit

Der Zeitgeist weht aus einer anderen Richtung. »Think big!« lautet ein bekannter Slogan, da schaut man gern über seine eigenen Grenzen hinweg. »Wir machen den Weg frei« heißt es – gezahlt wird später! Die Verlockungen, zu weit über die eigenen Grenzen hinauszugehen, sind groß. Zum Beispiel finanziell, erleichtert durch die Zahlung mit Kreditkarten. Da verliert man schnell den Überblick, wo die Grenzen des eigenen Budgets liegen. Später erfolgt der Rückschlag, der einen weit hinter seine ursprünglichen Grenzen zurückwerfen kann. Am Ende bezahlt man teuer für die scheinbare grenzenlose finanzielle Freiheit. Folge der Vorstellung vom grenzenlosen Wachstum ist nicht nur die Bankenkrise im großen Maßstab, es gibt viele kleine Krisen im individuellen Rahmen – und das nicht nur auf finanziellem Gebiet.

Werbung und Medien verlocken uns ständig, über unsere Grenzen hinweg. Die Illusion der Unbegrenztheit gaukelt uns vor, für alle und jeden sei alles zu jeder Zeit erreichbar. Das gilt auch für andere Bereiche, etwa die Ansprüche an die eigene Leistung und die der anderen. Und wenn wir unsere Ansprüche bisher noch nicht erfüllt haben, dann hat die Ideologie der Grenzenlosigkeit dafür auch gleich eine Erklärung parat: Wir haben es nicht wirklich gewollt! Am klarsten formuliert ist diese Art zu denken in dem Lied »You can get it, if you really want«. Es kommt gut getarnt ganz locker im Reggae-Rhythmus daher.

Diese Ideologie geht von der totalen Unbegrenztheit des Erreichbaren und von einer fiktiven Gleichheit aller aus – der scheinbaren Gleichheit aller Startbedingungen wie Begabungen, Anlagen, körperlichen, gesundheitlichen und sozialen Voraussetzungen, der gleichen Verteilung der Segnungen, Gelegenheiten oder Erschwernisse auf dem Lebensweg. Diese Vorstellung scheinbarer Gleichheit wird dann geschickt genutzt, um sich gegen reale soziale Ungerechtigkeit und die gesellschaftliche Ausgrenzung der nicht so Erfolgreichen abzugrenzen: »Wer es nicht geschafft hat, der will es eben nicht anders!«

Endlos unzufrieden, endlos im Defizit

Jeder würde wohl die siebzehnjährige Nicole für eine hübsche junge Frau halten. Auch bei jungen Männern kommt sie gut an. Doch ihre Mutter weiß, wie sehr Nicole unter ihrem Aussehen leidet: Sie fühlt sich selbst alles andere als attraktiv. Oft steht sie vor dem Spiegel, und danach ist sie ganz verzweifelt, sodass es der Mutter schwerfällt, sie aus ihrem Tief herauszuholen. Dann fangen endlose Gespräche an über Details ihrer Erscheinung, von der Form und Größe ihres Busens über Taille und Hüften bis hin zur Nase, die sie sich vielleicht einmal operieren lassen möchte, wenn sie über eigenes Geld verfügt. Der Blick auf ihre scheinbaren Unzulänglichkeiten und die ständigen Vergleiche verdüstern ihr Leben, das eigentlich unbeschwert sein könnte …

Dass viele junge Mädchen sich mit solchen Problemen plagen, ist bekannt. Doch nicht nur sie belasten sich auf diese Weise. Viele Heranwachsende, die den Medien gegenüber besonders aufgeschlossen sind und die nach Orientierung und Leitfiguren suchen, sind davon betroffen. Von Nicoles Bruder Karsten kann man Ähnliches erzählen. Er findet sich nicht männlich und cool genug, auch wenn er versucht, so aufzutreten. Das übertreibt er manchmal und verletzt damit wiederum seine Eltern. Nicoles Mutter fragt sich übrigens, was sie bei der Erziehung falsch gemacht hat. Sie hat doch alles getan! Im Gespräch wird ihr bewusst, wie viel Druck sie sich selbst macht mit den hohen Ansprüchen an sich, als Frau, als Partnerin, als Mutter und dann auch noch im Beruf … Und auf allen diesen Gebieten erlebt sie sich als nicht gut genug und manchmal als gescheitert, obwohl sie objektiv keinen Grund dazu hat. Sie hat wirklich getan, was sie konnte, und viel erreicht.

All diesen Situationen ist gemeinsam, dass ein begrenzter Ist-Zustand mit einem grenzenlosen Soll-Zustand verglichen wird. Auf diese Weise baut man sich ein Problem, das es ohne die Vorstellung von der grenzenlosen Erreichbarkeit in dem Maße zuvor gar nicht gegeben hätte. Alles Bestehende wird als mangelhaft erlebt, weil es seine Begrenztheit zeigt. Der vorhandene Zustand wird dann nicht mehr in seinen Qualitäten erkannt, das Erreichte wird übersehen. Wer von einem grenzenlosen Sollzustand ausgeht, lebt ständig im Defizit. Die Ideologie der Grenzenlosigkeit ist ein sicheres Rezept, um sich selbst unzufrieden und unglücklich zu machen. Wer hingegen auf das Erreichte schaut, der lebt in einem Zustand des Habens, der Fülle. Und wer das Erreichbare anstrebt, der kann es in begrenztem Maße auch erlangen und Erfolge erleben, nach und nach.

Um Missverständnisse zu vermeiden: Es geht nicht darum, den weit verbreiteten Pessimismus durch einseitigen Optimismus zu ersetzen oder die Halbwahrheiten des negatives Denkens durch eine bewusst gewählte Ignoranz des positives Denkens. Es geht um die Frage, wie die Vorstellung der Grenzenlosigkeit auf uns wirkt, wie sie uns schwächen und unglücklich machen kann. Wenn wir unsere momentanen Grenzen übersehen, geraten wir gewöhnlich in einen merkwürdigen Kreislauf: Wir strengen uns an, doch fühlen wir uns kraftlos dabei und erreichen nicht allzu viel. Dadurch bleiben wir weiterhin im Defizit. Entweder wir geben auf und verfallen in Resignation oder wir erhöhen den Druck und strengen uns noch mehr an. Doch das schwächt uns auf Dauer noch weiter.

Wer sich nicht abgrenzen kann, ist auch ein idealer Arbeitnehmer, der sich selbst ständig bis zum Ausbrennen Druck macht. Wenn wir uns selbst im Defizit erleben, passen wir uns weitestgehend an und sind leicht zu steuern. Als Konsumenten sehen wir nicht, was wir schon alles haben, wir nehmen nur wahr, was wir noch nicht haben, und jagen dem hinterher. Die Waren entzaubern sich bereits beim Auspacken. Schon lockt das neueste Modell, das noch über das bisherige hinausgeht. Und wenn man sich nicht abgrenzen kann, dann muss man auch das haben, selbst wenn man die Möglichkeiten des gekauften noch gar nicht ausprobiert hat. Denn alle machen es so, und auch ihnen gegenüber kann man sich nicht abgrenzen. Politisch bleiben wir weitgehend unwirksam, da wir offen sind für alle Probleme überall auf der Welt, so übersehen wir die naheliegenden Aufgaben, die sich tatsächlich anpacken ließen. So fehlt die Kraft zu konkretem politischen Handeln. Durch fehlende Selbstbegrenzung erleben wir uns im Mangel und sind dadurch endlos manipulierbar.

Erich Fromm hat ein Buch geschrieben mit dem Titel *Vom Haben zum Sein*. Mir scheint, in unserem gegenwärtigen gesellschaftlichen Klima müsste man erst einmal von einem »Haben wollen« zum »Haben« kommen, bevor man sich aufmachen kann auf den Weg zum »Sein«.

GRENZEN SIE IHRE »BAUSTELLE« EIN

Niemand kann an allen Fronten gleichzeitig seine Dinge vorantreiben. Woran fehlt es am meisten? Und worauf möchten Sie beim Thema Abgrenzung das Hauptgewicht legen und sich konzentrieren? Und auf welchem Gebiet werden Sie zuerst konkrete Ergebnisse erkennen können?

Ich kann mich nicht begrenzen …

- in meinem Denken und Grübeln
- in meinen Gefühlen und Emotionen
- in Bezug auf meine körperlichen Befindlichkeiten
- bei meiner Arbeit
- bei meinen Ansprüchen an mich selbst
- bei meinen Ansprüchen an andere
- bei Ansprüchen anderer an mich
- gegenüber Reizen von außen

Ich kann mich schwer abgrenzen gegenüber …

- meinen Kindern
- meinem Partner
- meinen Freunden
- meinen Bekannten
- Fremden
- meinen Kollegen
- meinen Vorgesetzten
- meinen Kunden oder Klienten/Patienten

Ich habe Schwierigkeiten, die Grenzen wahrzunehmen und einzuhalten von …

- meinen Kindern
- meinem Partner
- meinen Freunden
- meinen Bekannten
- Fremden
- meinen Kollegen
- meinen Vorgesetzten
- meinen Kunden oder Klienten/Patienten

Wenn Sie Ihre »Baustelle« begrenzen, heißt das noch lange nicht, dass Sie sich nicht auch an anderen Stellen entwickeln möchten, können und werden. – Eins nach dem anderen. Wenn Sie Ihre Aufmerksamkeit zunächst auf die schwächste Stelle Ihres Deiches richten und Ihre Bemühungen auf genau diese Stelle zunächst begrenzen, dann erreichen Sie die größtmögliche Wirkung.

Schauen Sie auch auf die Bereiche, in denen Sie sich gut abgrenzen können. Gehen Sie die Liste noch einmal durch. Dieses Mal mit der umgekehrten Frage: Wo gelingt es Ihnen, Grenzen zu setzen? Vielleicht haben Sie gute Wege dafür gefunden, sodass Sie an diesen Fronten Ruhe haben und sich nunmehr den schwachen Stellen Ihres Deiches zuwenden können.

Kraftvoll in meinem Revier: Wo die Grenzen liegen und wie wir Grenzüberschreitungen erkennen

Viele Menschen würden sich ja gern abgrenzen und auch einmal »Bis hierher und nicht weiter!« sagen, doch zum einen fehlen ihnen dazu die Methoden, zum anderen wissen sie oft gar nicht, wo ihre Grenzen liegen. Wenn sie anderen zuhören, könnten sie fast zu dem Schluss kommen, dass man Grenzen ganz beliebig setzen könne – so als kämen sie aus dem Kopf. Doch Grenzen, die nur der Willkür entspringen, würde man selbst nicht wahrnehmen und schnell übersehen, man könnte sie nicht lange halten.

Eigentlich geht es um Reviere

Grenzen sind kein Selbstzweck. Eine Grenze ist der Rand eines Reviers. Unser Revier gehört uns, wir wollen darüber frei und selbstbestimmt verfügen. Darum geht es beim Thema Grenzen nicht in erster Linie um unsere Grenzen an sich, sondern um das zu schützende Revier, das wir nach unseren Vorstellungen gestalten, für das wir Verantwortung tragen und in dem wir uns autonom entfalten wollen. Grenzen im ursprünglichen Sinne (Gartenhecken, Zäune, Ländergrenzen …) beschreiben den Übergang von einem Revier zum Revier eines anderen oder zu einem freien Bereich. Ebenso wie mit den Grenzen im ursprünglichen Sinne ist es mit Grenzen im übertragenen Sinne: Auch hier markieren sie den Übergang von unserem Bereich zu dem Bereich eines anderen Menschen oder zur weiten Welt da draußen. Deshalb bestimmen unsere Grenzen auch unser Verhältnis zu uns selbst, zu anderen Menschen und zu dem, was uns umgibt.

Es sind gerade die Grenzbereiche, in denen die kleinen Konflikte und die großen Kriege entstehen. Wer seine Grenzen wahrnimmt, sie sichtbar für andere markiert und bereit ist, auf sie zu achten, und wer darüber hinaus auch noch den Mut und die Kraft aufbringt, sie zu verteidigen, der kann am ehesten damit rechnen, in Harmonie mit anderen zu leben. Je weniger Missverständnisse möglich sind, desto weniger Ärger hat man für gewöhnlich mit seinen Nachbarn. Wer klare und angemessene Grenzen setzen kann und selbst die Grenzen anderer wahrt, der hat die besten Aussichten auf ein friedliches Miteinander.

Nicht zu eng, nicht zu weit: Die Lage der Grenzen ist nicht zufällig

Doch um Grenzen setzen zu können, müssen wir selbst Klarheit über die Lage unserer Grenzen gewinnen. Sind unsere Grenzen zu nah gesteckt, dann schwächen sie uns. Ein zu kleiner Acker ernährt uns nicht. Ein zu kleiner Arbeitsbereich unterfordert uns. Wir fühlen uns beschränkt und laufen Gefahr, uns innerhalb dieser engen Grenzen zu langweilen. Wir bleiben weit hinter unseren Möglichkeiten zurück und nutzen unser Potenzial zu wenig. Die Nachbarreviere und das weite Feld da draußen, das man in Besitz nehmen könnte, betrachten wir mit Sehnsucht. Die Kirschen in Nachbars Garten könnten uns reizen und uns vielleicht sogar zu kleinen Übergriffen verleiten. Zum Beispiel könnten wir in den Kompetenzbereich eines Kollegen hineinpfuschen ... – Und schon ist die Harmonie verloren!

Wären unsere Grenzen hingegen zu weit gesteckt, dann würde auch das uns schwächen, denn dieses Revier, das für uns viel zu groß ist, würde uns kräftemäßig überfordern. Vielleicht könnten wir nicht einmal unsere Grenzen einsehen, weil sie zu weit entfernt sind. Wir würden uns unsicher fühlen in einem Revier, das wir nicht verteidigen können. Wenn wir nicht in der Lage sind, unser Revier selbst auszufüllen, dann könnten andere leicht auf die Idee kommen, es uns streitig zu machen. Wenn unsere Grenzen zu weit von uns entfernt sind, dann trennen sie uns auch von den anderen. Wir fühlen uns allein und isoliert.

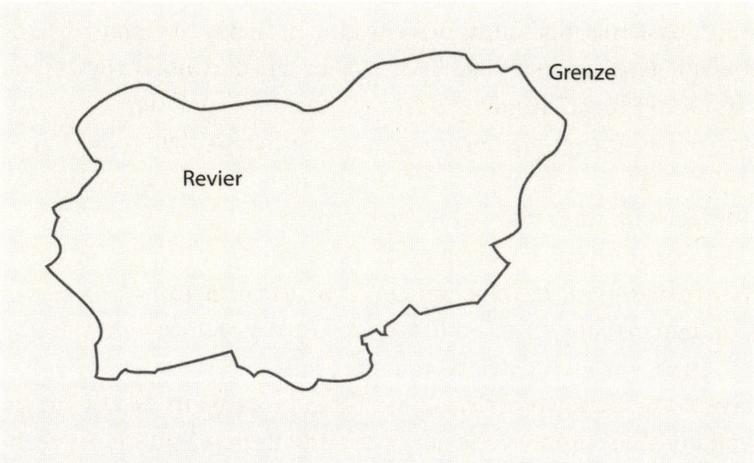

Unsere Grenze verläuft dort, wo unser Revier, d. h. der uns gemäße Bereich, endet.

Ideal ist ein Revier, das für uns nicht zu klein ist und das uns nicht dadurch schwächt. Es sollte auch nicht zu groß sein und uns überfordern, denn auch das würde uns nur schwächen. Am besten ist ein Revier, das unseren Kräften und Möglichkeiten entspricht, ein Revier, das wir gestalten und beackern können, für das wir Verantwortung tragen und das wir schützen können. Und genau dort, wo unsere Kraft und damit unser Revier endet, ist die ideale Lage unserer Grenze.

Fehlende Grenzen können dazu führen, dass wir unsere Kraft verströmen und vergeuden. Die grenzenlose Welt der Möglichkeiten kann uns leicht überfordern. Wir ackern mal hier und mal dort, so wie es gerade kommt, doch wir erreichen zu wenig für den Aufwand, den wir betreiben, und das erschöpft uns. Wir fühlen uns der Welt und ihren Möglichkeiten schutzlos ausgeliefert. Andere drängen heran und wollen sich ausdehnen. Es sei denn, wir wären sehr stark und könnten uns leicht durchsetzen. Doch dann wären wir vielleicht eine Gefährdung der Grenzen anderer ... Wir würden auch auf diese Weise die Lage unserer Grenzen unserer Kraft angleichen. Ein Revier, das ein Spiegel unserer Kraft und unseres Vermögens ist, stärkt uns sogar und gibt uns Halt. Dort liegt unsere Grenze, wo unsere Kraft aufhört. Auch im übertragenen Sinne.

Abgrenzung: eine Frage der Wahrnehmung

Abgrenzungsprobleme sind oft Probleme der Wahrnehmung. Wir merken erst im Nachhinein, dass wir selbst unsere eigenen Grenzen überschritten und uns überfordert haben. Und häufig erkennen wir viel später, dass andere unsere Grenzen verletzt haben. Erst dann, wenn sie schon mitten in unserem Revier stehen und der Zeitpunkt, etwas dagegen zu unternehmen, längst vorüber ist. Meist haben wir sie in der Zeit davor tatenlos gewähren lassen, ganz einfach, weil wir es nicht wahrgenommen haben. Wir wussten nicht einmal, dass dort unsere Grenze gelegen haben muss. Und jetzt ist es zu spät. Manchmal haben wir sogar mitgespielt, die falschen Signale gegeben und zum Beispiel gelächelt, so als wollten wir das Gegenüber dazu einladen, doch noch ein wenig näherzutreten. Wir haben unseren Beitrag zur Grenzverletzung geleistet. Darum ist es auch wenig sinnvoll, den anderen zum Schuldigen zu erklären. Ohne unseren Beitrag hätte es meist gar nicht so weit kommen können.

Der erste Schritt zum Schutz unserer Grenzen ist daher nicht die Verteidigung, sondern die Wahrnehmung. Und daran fehlt es bei sehr vielen Menschen. Wenn die Lage unserer Grenzen ein Spiegel unserer Kraft ist, dann besteht der Unterschied zwischen dem Bereich innerhalb unserer Grenze und dem Bereich dahinter darin: So lange unsere Grenzen noch nicht überschritten sind, erleben wir uns als kraftvoll. Das ändert sich, wenn die Grenzen verletzt werden, dann empfinden wir gewöhnlich Druck. Die entstandene Spannung können wir nutzen, um unser Revier zu verteidigen, oder wir stecken zurück und erleben uns als schwach. Es handelt sich also um eine andere Wahrnehmung als die, die wir gewohnt sind und an die man zuerst denkt, wenn man das Wort gebraucht. Es geht nicht ums Sehen, Hören, Riechen, Schmecken, sondern um die Wahrnehmung mit unserem Körper, um das Erspüren unserer körperlichen Befindlichkeit: Bin ich noch stark oder beginne ich bereits, Energie zu verlieren?

EIN BEISPIEL BEIM ESSEN: Der erste Bissen der Schwarzwälder Kirschtorte schmeckt ziemlich gut, doch der zweite Bissen schmeckt gewöhnlich noch besser. Je mehr Sie davon essen, desto besser wird vielleicht der Geschmack. Doch irgendwann nehmen Sie eine Gabel, und die Torte schmeckt Ihnen nicht mehr so gut wie beim Bissen zuvor. Wenn Sie weiteressen, wird die Torte Ihnen immer weniger schmecken. Dort, wo die Torte Ihnen am besten geschmeckt hat, genau dort lag Ihre Grenze.

IM FITNESSSTUDIO: Wer immer nur die leichten Gewichte stemmt, der bleibt hinter seinen Möglichkeiten zurück. Er wird die Lust am Training schnell verlieren, es bringt keinen Spaß mehr. Lädt er sich jedoch zu schwere Gewichte auf, könnte er darunter zusammenbrechen. Auch wenn es nicht ganz so schlimm kommt, das Kilo zu viel kann dazu führen, dass man plötzlich gar nichts mehr stemmen kann. Man wird in seinem Training zurückgeworfen und fühlt sich entsprechend schwach.

IM BERUF: Wer bei seinen Aufgaben ständig unterfordert ist, langweilt sich. Nach so einem Tag, an dem wieder einmal kaum etwas zu tun war, fühlen wir uns müder als nach einem Tag, an dem wir gefordert waren. Doch sind wir überfordert, dann geht es uns auch nicht gut. – So richtig gut geht es uns in der Arbeit, wenn wir bei unseren Aufgaben an unseren Grenzen beschäftigt sind, doch sie nicht zu weit überschreiten.

Am besten fühlen wir uns beim Torteessen, im Fitnessstudio und bei der Arbeit dann, wenn wir uns in dem Bereich bewegen, der kurz vor der Grenze liegt, im Bereich des Übergangs von der Unterforderung in die Überforderung. Dieser optimale Bereich befindet sich genau vor unserer Grenze. Wer das über seinen Körper wahrnimmt, sich in diesem Bereich aufhält und die Grenze dabei einhält, der hat Freude beim Genießen, hat Spaß im Training ebenso wie beim Arbeiten und macht Fortschritte. Ob wir uns in diesem Bereich befinden, können wir nur über unseren Körper erfahren.

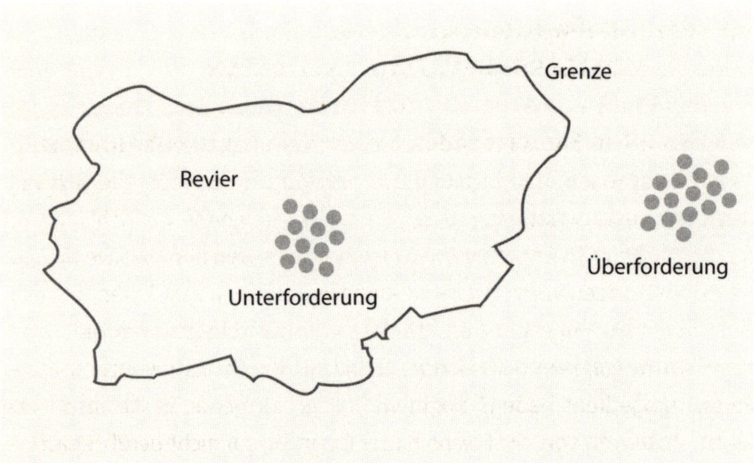

Bleiben wir zu eng innerhalb unserer Grenzen, sind wir unterfordert. Überschreiten wir sie zu weit, überfordern wir uns.

Die Grenzüberschreitung erkennen – möglichst rechtzeitig

Um eine Grenzverletzung rechtzeitig und in jeder Situation – bei der Arbeit, unter Freunden, in der Familie – überhaupt wahrnehmen zu können, ist es erforderlich, mit unserem Körper im Kontakt zu sein, ihn zu spüren. Wenn es zu Grenzüberschreitungen kommt, reagieren wir mit körperlichen Reaktionen und, nur einen Schritt weiter, mit Impulsen wie Angriff oder Flucht. Eben herrschte noch Harmonie, und plötzlich haben wir die Wohlfühlzone verlassen.

SO GEHT ES

DIE WAHRNEHMUNGSFÄHIGKEIT FÜR GRENZÜBERSCHREITUNGEN SCHÄRFEN

Woran merken Sie, dass andere Ihnen räumlich zu nahe kommen?
Solche Situationen gibt es häufiger, als man denkt: Erinnern Sie sich zum Beispiel an eine Situation im Supermarkt. Sie standen in der Schlange vor der Kasse. Den Abstand zu der Person vor Ihnen, den konnten Sie einigermaßen selbst regulieren. Doch die Person hinter Ihnen kam Ihnen vielleicht viel zu nahe: Woran haben Sie das bemerkt, obwohl Sie doch im Hinterkopf keine Augen haben und Sie sich wahrscheinlich auch nicht einmal nach der Person umgedreht haben? Konnten Sie den zu geringen Abstand auch wahrnehmen, obwohl die Person hinter Ihnen Sie gar nicht berührt hat?
Doch Sie konnten es spüren. Was haben Sie genau wahrgenommen? Wie hat Ihr Körper darauf reagiert? Spüren Sie es genau in Ihrer Erinnerung. Und was hat das wiederum in Ihnen ausgelöst?

Falls Sie sich an eine solche Gelegenheit nicht erinnern können, begeben Sie sich einmal absichtlich in eine solche Situation, in der es eng wird, in der es für andere schwer wird, Ihnen nicht zu nahe zu kommen. Zum Beispiel in einem Aufzug, in der U-Bahn oder im Kinofoyer kurz vor dem Einlass. Registrieren Sie genau, wie die Enge und die erzwungene Nähe körperlich auf Sie wirken. Beachten Sie ebenfalls, welche Gefühle und Impulse das wiederum in Ihnen auslöst.

Woran merken Sie, dass Ihre Grenze überschritten wurde?

Erinnern Sie sich an eine alltägliche Situation, in der jemand Ihnen nicht nur räumlich zu nahe kam, sondern Ihre Grenze im übertragenen Sinn verletzt hat. Die gute Freundin, die ihre Problemlage allzu ausführlich schildert, obwohl Sie die Ehegeschichten schon längst kennen; die Nachbarin, die zu neugierig ist; Familienmitglieder, die Ihre Zeit einfach verplant haben und Sie dann vor vollendete Tatsachen stellen ...

- Was haben Sie in der Situation genau wahrgenommen?
- Wie hat Ihr Körper darauf reagiert?
- Und was hat das wiederum in Ihnen ausgelöst?
- Die entscheidende Frage: *Wann* haben Sie gemerkt, dass Ihre Grenze verletzt wurde? Haben Sie es gleich erkannt oder später? Wie lange hat es gedauert, bis es Ihnen klar wurde? Waren Sie noch in der Lage, etwas dagegen zu unternehmen? Haben Sie sich dann überhaupt noch abgegrenzt? Hat Ihre verspätete Abgrenzung vielleicht sogar alles noch schlimmer gemacht?

Interessant ist, darüber zu reflektieren, wann genau die beklemmenden Gefühle bei einer Grenzüberschreitung eigentlich am stärksten auftreten.

- Wie geht es Ihnen in der Situation, wenn Sie sich nicht abgrenzen?
- Wie geht es Ihnen gleich danach, wenn Sie sich nicht abgegrenzt haben?
- Wie geht es Ihnen später, wenn Sie sich nicht abgegrenzt haben?

- Wie geht es Ihnen in der Situation, wenn Sie sich abgrenzen?
- Wie geht es Ihnen gleich danach, wenn Sie sich abgegrenzt haben?
- Wie geht es Ihnen später, wenn Sie sich abgegrenzt haben?

Offenbar spielt der Zeitfaktor eine wichtige Rolle. Häufig haben Sie die Wahl zwischen einem kurzen Sich-nicht-Wohlfühlen und einem ziemlich langen Sich-nicht-Wohlfühlen. So kann es zunächst Überwindung kosten, sich abzugrenzen, doch danach geht es einem auf die Dauer besser.

ELFRIEDE *war es unangenehm, den Zeitschriftenwerber zu enttäuschen, der ihr am Telefon eben sein schweres Schicksal dargestellt hatte, um sie zu einem Abonnement zu bewegen. Doch wenn sie daran dachte, dass sie in Zukunft jede Woche diese Zeitschrift, die sie nicht sonderlich interessierte, aus dem Briefkasten ziehen würde, dass in jedem Monat das Geld dafür von ihrem Konto abgebucht werden würde und wie lästig es war, ein Abonnement wieder zu kündigen, dann war ihr klar: Es war einfacher, jetzt ihre Grenze zu wahren, auch wenn sie das Überwindung kostete, als sich auf Dauer all den unnötigen Ärger einzuhandeln.*

Unser Kopf übergeht oft selbst unsere eigenen Grenzen

Bei genauerer Betrachtung wird man feststellen, dass der Verstand am wenigsten fähig ist, die Lage unserer Grenzen zu erkennen und sie einzuhalten. Mein Kopf hat sie oft genug unterlaufen mit seinen Gedanken.

Ein Beispiel: Mein Kopf meint sehr oft, dass ich auch können müsste, was andere Menschen schaffen. Er sagt mir: »Wenn der das schafft, dann musst du das doch auch hinkriegen!« Folge ich dem Ratschlag, habe ich mich schnell verhoben. Und dann kann ich meist *noch weniger* tragen als zuvor. Mein rationaler Geist hatte gar nicht auf mich und mein Befinden geschaut, sondern auf jemanden, der solche Lasten tragen kann, oder auf das »Man« aus Sätzen wie »man sollte, man müsste …«.

Ebenso kenne ich Situationen, in denen mein Verstand hingegen unangemessen zur Schonung und zur Vorsicht geraten hatte. In dem Fall blieb ich hinter meinen Möglichkeiten zurück. Er hatte mir eine Schwäche eingeredet, die tatsächlich gar nicht bestand.

REFLEXION ZUR SELBSTÜBERFORDERUNG

Vergegenwärtigen Sie sich bitte eine konkrete Situation, in der Sie sich selbst überfordert und Ihre Grenzen selbst überschritten haben, sodass Sie danach die unangenehmen Folgen zu tragen hatten. Vielleicht fällt Ihnen eine kleinere oder größere Situation aus der letzten Woche ein.

- Woran haben Sie gedacht?
- Was haben Sie gedacht?
- Wann genau war der Moment, an dem die Grenze überschritten wurde?
- Welche Gedanken haben dazu geführt?
- Welche Gefühle haben dazu beigetragen?

Spielen Sie die Situation ein weiteres Mal durch. Jetzt geht es darum, dass Sie in der Vorstellung Ihre Grenzen erfolgreich wahren:

- Woran konnten Sie merken, wo die Grenze lag?
- Was nehmen Sie dann auch noch alles wahr?
- Worauf achten Sie dann auch noch?
- Was war zu tun, um die Grenze einzuhalten?
- Wie hätten Sie Vorsorge dafür treffen können, dass Sie am Ende mit dem Gesamtergebnis zufriedener gewesen wären?

Wenn Sie lernen, Ihren Körper und Ihre Befindlichkeit wahrzunehmen, profitieren Sie auf vielfache Weise. Sie bemerken rechtzeitig, wenn Sie Pausen brauchen. Wenn Sie Durst haben. Wenn Sie eine körperliche Haltung einnehmen, die Ihnen nicht gut tut.

Die Wahrnehmung der körperlichen Befindlichkeit ist Voraussetzung dafür, dass Sie für sich sorgen und Verantwortung für sich selbst tragen können. So erhalten Sie sich auf Dauer leistungsfähig. Nur so arbeitet man ökonomisch – und zugleich ökologisch.

Der Agent im eigenen Kopf

Unser Denken ist eine Form der Adaption an die Welt. Dieses Denken haben wir in seinen Anfängen in der Kindheit nicht immer selbst entwickelt, sondern oft von den Erwachsenen übernommen, die uns nahe waren. Ihre Denkfiguren und ihre Inhalte haben sich in uns eingeprägt. Auch wenn wir später versuchen, mit demselben Kopf eigene Gedanken zu denken, sitzen die alten Muster tief in unseren Synapsen, und oft sind sie stärker als unsere neuen und ein wenig mehr bewussten Wege unseres Denkens (die manchmal aber auch nur Reflexe und Gegenpositionen zu den alten Denkweisen sind).

Eine Form des Denkens besteht darin, sich an die Normen und Forderungen der Welt anzupassen. Wir richten uns damit an anderen aus, vergleichen uns. Und auch andere wenden diese Art der Wahrnehmung und Beurteilung auf uns an: Haben wir die Leistungsanforderungen erfüllt? Werden wir versetzt? Wir werden belohnt, getadelt und benotet. Und unser Denken stimmt sich darauf ab. Also schauen wir auf andere, vergleichen uns mit ihnen, passen uns an Kriterien außerhalb von uns an.

Das Herz baut Brücken und verbindet

Mein Herz kann mir beim Abgrenzen auch nicht helfen. Es kennt sich mit Grenzen sogar noch weniger aus als mein Kopf. Gefühle verbinden uns mit anderen und fungieren als Barometer für unsere sozialen Kontakte und Verhältnisse. Wenn wir mit anderen gut und erfüllend verbunden sind, spüren wir glückliche Gefühle. Fehlt es daran oder ist das bedroht, reagieren unsere Gefühle entsprechend. Natürlich möchte unser Herz glücklich sein, darum versucht es, Brücken zu schlagen, um uns mit anderen Menschen zu verbinden und auch sie glücklich zu machen.

Wenn bei zu großer Offenheit die Gefühle verletzt wurden, neigt ein Herz dazu, sich zurückzuziehen und sich um den Schmerz zu kümmern. Am liebsten will es dann andere ganz ausschließen, so extrem kann es reagieren. Ein Herz ist mit seinen Gefühlen ausgesprochen spontan. Empfindet es Wohlwollen und Sympathie (oder gar Liebe!), heißt es aufzupassen, denn Gefühle könnten dann leicht die Grenzen der anderen Person voreilig übergehen. Und dann besteht Verletzungsgefahr und es drohen Enttäuschungen.

Wenn es um Grenzen geht, können uns unsere Gefühle kaum helfen. Mein Herz sagt zum Beispiel manchmal: »Man kann die arme Klientin doch nicht so lange warten lassen. Ach komm, arbeite heute Abend etwas länger! Das tust du doch gern!« – Und wenn es sich Hilfe suchend an meinen Kopf wendet, dann nickt der und verweist auf die jungen Ärzte in der Praxis unter mir, die würden doch auch häufig noch sehr lange Sprechstunden halten.

Nur der Körper weiß, wo unsere Grenzen liegen

Der Einzige, der sich mit unseren Grenzen auskennt, ist unser Körper. Wenn wir über unsere Grenzen gehen, dann spürt das unser »Bauch«. Wir fühlen uns schwach. Doch wie oft übergehen wir dieses Gefühl, weil wir ganz bei der Tätigkeit sind, mit der wir uns gerade überbeanspruchen. Und wenn andere unsere Grenze verletzen, dann spürt das unser Körper auch. Zum Beispiel vernehmen wir so ein komisches Gefühl im Bauch, andere spüren Druck auf der Brust, ein unangenehmes Kribbeln. Und mit der Zeit verdichtet sich diese Empfindung. Wir nehmen vielleicht den Ärger und die Aggression wahr, die sich zusammenbrauen. Andere wieder reagieren mit einem Fluchtimpuls und weichen zurück.

Eigentlich sagt uns unser Körper stets, was Sache ist. Wenn er nur zu Worte käme. Wenn wir ihm zuhören würden. Doch oft redet der Kopf dazwischen und versucht, uns zu beschwichtigen: Es sei doch nicht so schlimm, andere halten das doch auch aus, wir sollen uns nicht so anstellen und nicht so pingelig sein. Und das Herz ist auch schnell zur Stelle: »Aber du magst sie doch. Sie meint es doch nur gut.« – Wichtig ist daher, dass wir üben, den Bauch schon im Vorfeld einzusetzen. Das hat den Vorteil, dass wir nicht viel zu spät reagieren, wenn im Grunde alles schon gelaufen ist.

ERST ALS SEINE FRAU *noch kurz in sein Arbeitszimmer schaut und ihm mit leicht vorwurfsvollem Ton eine gute Nacht wünscht, bemerkt Ludwig bewusst, dass er schon seit dem Abendessen am Computer sitzt. Über das Surfen von einem Forum zum anderen hat er vergessen, dass er ihr noch einen gemeinsamen Spaziergang versprochen hatte. Jetzt hat er wieder ein schlechtes Gewissen und macht sich Vorwürfe, weil er wie schon so oft kein Ende gefunden hat. Eine andere Stimme in ihm verweist trotzig darauf, dass das Surfen interessant war und dass er ein Recht darauf habe. Er kennt diesen inneren Konflikt, der ihn dann fast bis zum Morgengrauen nicht schlafen lässt. Und jedes Mal nimmt er sich vor, sich zu begrenzen. Doch auf diese Weise kommt er aus seinem inneren Konflikt wohl nicht heraus.*

Beim Nachfragen gibt Ludwig an, dass er seinen Körper seit ein paar Stunden nicht mehr beachtet und wahrgenommen hatte. Nach all der Zeit vor dem Computer brennen die Augen, sein Rücken ist verspannt und kalt, er fühlt sich wieder mal wie gerädert. Genau in der Wahrnehmung des Körpers hätte eine Möglichkeit gelegen, eine Grenze zu finden – ganz ohne moralische Appelle und innere Konflikte.

Dabei handelt es sich letztlich um liebevolle Selbstfürsorge. Durch den Kontakt zum Körper hilft sie auch in Bezug auf Essen, Trinken und andere Konsumgewohnheiten, unser Verhalten auf ein für uns passendes Maß zu reduzieren.

Die Wahrnehmung des Körpers braucht Zeit und Geduld

Wir müssen uns Zeit nehmen für das Körpergefühl. Der Körper ist nicht so schnell wie der Kopf. Und verbale Sprache ist nicht sein Metier, man muss ihm aktiv zuhören. Wir müssen erspüren, was er auf seine Art zu sagen hat. Und da ist sehr viel Geduld gefragt. Von sich aus teilt sich der Körper bei vielen Menschen gar nicht mehr mit. Er ist längst nicht mehr gewöhnt, dass er überhaupt beachtet wird. Jahre lang wurde er übergangen und oft sogar abgewertet. Viele von uns kümmern sich nur dann um ihn, wenn er Probleme macht, als sei er ein leidiges Übel.

Der Körper wurde von vielen Menschen zu einem ausführenden Organ gemacht. Für manche ist er eine Art Gestell, das den Geist davor bewahrt, in der Luft zu baumeln. Für andere wieder ist er eine Art Sportgerät zur Erbringung von Höchstleistungen. Manche wiederum kämpfen ständig gegen ihn, weil er nicht ihrem Schönheitsideal entspricht. Es gibt auch eine Gegenbewegung. In den Sportstudios wird er getrimmt. Es sieht so aus, als käme er endlich zu seinem Recht. Bei genauerem Hinsehen muss man erkennen, dass der Körper bei diesem Körperkult auch nur als Objekt betrachtet wird.

Der Körper verfügt jedoch über seine eigene Art der Wahrnehmung, über seine eigene Intelligenz. Es ist Zeit, dass er gewürdigt wird und die Beachtung findet, die ihm zukommt.

SO GEHT ES

DIE REAKTION DES KÖRPERS BEI GRENZÜBERSCHREITUNG ERKUNDEN

Wenn Sie die Sprache des Körpers besser kennen lernen und die Unterschiede in den unterschiedlichen Situationen in Bezug auf Ihre Grenzen deutlich spüren möchten, probieren Sie doch dieses Experiment einmal aus:

Erinnern Sie sich an drei Situationen, die alle mit der Reaktion Ihres Körpers an Ihren Grenzen zu tun haben. In der ersten Situation waren Sie gelangweilt und unterfordert. In der zweiten Situation waren Sie eindeutig überfordert. In der dritten Situation waren Sie gefordert, aber nicht überfordert. Sie sind also einmal zu weit von Ihrer Grenze entfernt, einmal sind Sie weit über Ihre Grenze gegangen, und beim letzten Beispiel sind Sie kurz vor Ihrer Grenze, aber noch in Ihrem Revier, in Ihrer Wohlfühlzone.

Am einfachsten funktioniert dieses Experiment, wenn Sie drei kleine Zettel auslegen, um für jede dieser Situationen einen Platz zu markieren. Beginnen Sie mit der Situation der eindeutigen Unterforderung (die übrigens nicht zu verwechseln ist mit einer Situation der Erholung oder des Verschnaufens und Loslassens nach einer Leistung). Stellen Sie sich auf den von Ihnen markierten Platz und vergegenwärtigen Sie sich die erinnerte Situation möglichst deutlich und in vielen Einzelheiten, so als fände sie gerade jetzt statt.

Stellen Sie sich dann folgende Fragen und erforschen Sie dadurch, wie sich die Situation auf Ihren Körper auswirkt:

- Wie stehe ich hier? (zum Beispiel sicher, standhaft, wackelig …)
- Was alles nehme ich von meinem Körper gerade wahr?
- Spüre ich etwas Störendes?
- Wie erlebe ich meinen Körper? (zum Beispiel als kraftvoll oder schwach? Als aktiv oder passiv? Als wach oder als müde?)
- Wie atme ich? (zum Beispiel flach oder tief, ruhig oder schnell)
- Welche Spannung verspüre ich in den Muskeln? (sind sie zum Beispiel angespannt, kraftvoll, schlapp …)
- Wie erleben Sie Ihre Körperwärme?
- Erleben Sie sich als gut durchblutet?
- Fühlt sich Ihr Kopf eher klar an oder eher dumpf?
- Verspüren Sie Druck? Und wo?
- Wo fühlen Sie sich eng oder weit?

Danach können Sie sich auf den Platz stellen, auf dem Sie sich im Zustand von Überforderung erleben. Auch hier vergegenwärtigen Sie sich die Situation und erforschen dann dieselben Fragen.
Abschließend erleben Sie sich auf dem Platz, der den Bereich noch vor Ihrer Grenze darstellt. Auch hier geht es wieder um dieselben Fragen.
Beenden Sie das Experiment am besten mit dem Zustand, den Sie in Ihrer Wohlfühlzone kurz vor der Grenze gespürt haben, und machen sich die Unterschiede zwischen den drei Positionen bewusst. – Vielleicht hält der vorgestellte angenehme Zustand noch eine Weile an?

Vielleicht ist es das, was den Körper so wenig beliebt macht: Er ist begrenzt. Der Geist ist willig, heißt es, aber das Fleisch ist schwach. Immer wieder erinnert uns der Körper in einer Zeit, in der die Ideologie des »Yes, we can« vorherrscht, an unsere Begrenztheit. Der Geist ist schrankenlos, die Gefühle auch, doch der Körper holt uns immer wieder zurück auf die Erde, auf den Boden der Tatsachen. Während Geist und Energie an sich unbeschränkt sind, ist Materie endlich. Darum verhalten sie sich auch nach anderen Gesetzmäßigkeiten. Der Körper gehört, wie auch die Erde und alles Irdische, zur Materie. Er kennt sich daher mit Grenzen aus. Nur er verfügt über das Sensorium, mit dem wir die Lage unserer Grenzen erspüren können.

Sinnvolle Begrenzung ermöglicht Wachstum und Entwicklung

Früher ging es mir häufig so: Ich wollte etwas erreichen, hatte mich angestrengt und mich dann irgendwann überfordert. Und schon kam es zu einem Rückschlag. – Viele Menschen erleben das. Sie wiederholen dieses Muster, scheitern, und danach fangen sie wieder klein an, sie wollen hoch hinaus und landen schließlich erneut auf der Nase. Und so weiter ... Wer zu weit über seine Grenzen geht, der inszeniert bereits seine Niederlage. Jede Überforderung führt am Ende zu einer Phase, in der man sich unterfordert, weil man sich kurieren und erst wieder Kräfte aufbauen muss.

Manch einer erholt sich nicht so leicht von einem solchen Rückschlag. Er könnte auch resignieren. Und sehr oft unterschätzt er sich selbst nach einer solchen Erfahrung, nachdem er sich zuvor überschätzt hatte. Viele geben dann auf. Doch wenn Sie immer nur bei dem bleiben, was Sie schon kennen und können, fehlt Ihnen auch etwas. Wahrscheinlich bleiben Sie hinter Ihren Möglichkeiten zurück. Das macht bequem und unzufrieden. Sie nutzen und entfalten Ihr kostbares Potenzial nicht – ein langweiliges Leben in der Unterforderung.

REFLEXION: WIE REAGIEREN SIE BISHER DARAUF, WENN SIE AN IHRE EIGENE GRENZE STOSSEN?

Jeder Mensch hat seine Grenzen, die zu unterschiedlichen Zeiten mal enger und mal weiter sind und die man erweitern möchte. Wie reagieren Sie zum Beispiel auf Ihre Grenzen des Aufnahmevermögens oder etwas zu verstehen, etwas auszuprobieren, etwas umzusetzen, etwas zu integrieren? Ebenso sind Ihre Zeit und Ihre Konzentrationsfähigkeit begrenzt. Nehmen Sie das Durcharbeiten oder Lesen dieses Buches als konkretes Beispiel, an dem Sie Ihr Muster erkennen und ggf. verändern können:

- Haben Sie die Tendenz, ganz aufzugeben, wenn Sie etwas nicht gleich verstehen oder wenn etwas nicht gleich klappt? Neigen Sie zum Beispiel dazu, die Lektüre abzubrechen?
- Werten Sie sich dann selbst ab?
- Werten Sie dann die Sache selbst ab, zum Beispiel das Buch?
- Meiden Sie dann die Thematik, zum Beispiel das Buch?
- Erlauben Sie sich, Lücken zu lassen?
- Bleiben Sie entspannt?
- Lassen Sie sich Zeit?
- Gehen Sie Schritt für Schritt vor?

Ein wichtiger Schritt zur Entwicklung der eigenen Abgrenzungsfähigkeit ist der akzeptierende Umgang mit eigenen momentanen Begrenztheit.

Grenzen sind relativ in Bezug auf Lebensbereiche und Situationen

Wir haben nicht nur eine Grenze, die für alles passt nach dem Muster »One size fits all«, sondern viele ganz unterschiedliche Grenzen in Bezug auf unsere Belastungsfähigkeit und Kraft auf unterschiedlichen Gebieten. Der Weltmeister im Hammerwerfen hat auf seinem Gebiet seine Grenze weiter vorangetrieben als alle anderen Sportler, doch im Hundert-Meter-Lauf sind seine Grenzen recht eng gesetzt.

Ebenso können Ihre Grenzen zu manchen Zeiten näher oder weiter rücken, je nach der Verfassung, in der Sie sich gerade befinden. An einem Tag fühlen Sie sich schwächer, und entsprechend kleiner ist dann Ihr Aktionsradius, Sie ziehen sich eher zurück von der Welt und können weniger verkraften. Wenn Sie sich erholt haben und sich wieder kräftig fühlen, dann können Sie sich auch wieder mehr zumuten. Vielleicht ergreifen Sie sogar die Initiative und weiten damit Ihre Grenzen aus. Dass Sie Ihre Grenzen dann auch leichter behaupten werden, wird auch von anderen wahrgenommen. Entsprechend haben Sie auch mit weniger Übergriffen Ihrer Mitmenschen zu rechnen. Wenn Sie der Hafer sticht, trauen Sie sich vielleicht sogar zu, Ihre bisherigen Grenzen auf Kosten der anderen auszudehnen.

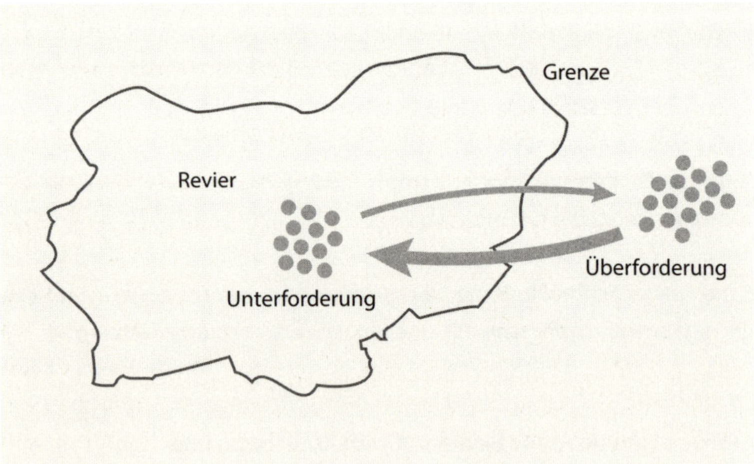

Die Dynamik aus Über- und Unterforderung: Wer zu weit über seine Grenzen geht, sorgt selbst für den anschließenden Rückschlag.

Grenzen regulieren sich im Großen und Ganzen und auch der Tagesform entsprechend in kleinen, feinen Modulationen, doch immer sind sie Spiegel Ihrer Energie, Ihrer Kompetenzen und Ihres Vermögens, Ihren »Acker« zu bearbeiten, Verantwortung für ihn zu tragen und ihn zu verteidigen.

Die umrissene Fläche versinnbildlicht das Revier eines Menschen, die kurvige Linie seine Grenze. Wenn Sie unterfordert sind, bleiben Sie gewissermaßen im inneren Bereich Ihres Reviers, weit hinter Ihren Möglichkeiten zurück. Dabei fühlen Sie sich nicht gut, Sie sind unterfordert und unzufrieden.

Stellen Sie sich nun vor, Ihr Chef beauftragt Sie mit einer neuen Aufgabe, die jedoch weit außerhalb Ihrer Möglichkeiten – Ihres Reviers – liegt. Sie sind überfordert, und es geht Ihnen nicht gut. Sie könnten an der Aufgabe scheitern oder vor lauter Stress krank werden. Diese Überforderung ist dann die Vorstufe zur Unterforderung, auf die es schließlich hinausläuft.

Während es uns bei der Unterforderung ebenso unwohl ist wie bei der Überforderung, geht es uns wie schon gesagt am besten, wenn wir gefordert, aber nicht überfordert sind. Sinnbildlich und zugleich real befindet sich dieser Bereich noch innerhalb unseres Reviers, er liegt direkt vor unserer Grenze. Den Bereich vor der Grenze erleben wir als kraftvoll. Dann kann etwas Merkwürdiges geschehen: Weil wir uns wohlfühlen, sind wir noch kraftvoller und zu noch mehr in der Lage. Dadurch können wir noch ein, zwei Schritte über unsere bisherige Grenze gehen und unser Revier erweitern. Wir wachsen über uns hinaus! Und das wiederum macht uns glücklich, wir fühlen uns noch stärker und haben den Mut, uns noch mehr zuzutrauen. Wir befinden uns dann in einem positiv eskalierenden Regelkreis, bei dem Energie entsteht.

Es ist paradox: Das Einhalten unserer Grenzen führt nicht zu mehr Beschränkung, sondern ermöglicht es, unsere Begrenztheit zu überwinden und uns zu entwickeln! Dieses Über-sich-Hinauswachsen kommt dem sehr nahe, was der ungarisch-amerikanische Psychologe Mihaly Csikszentmihalyi als Flow beschreibt.

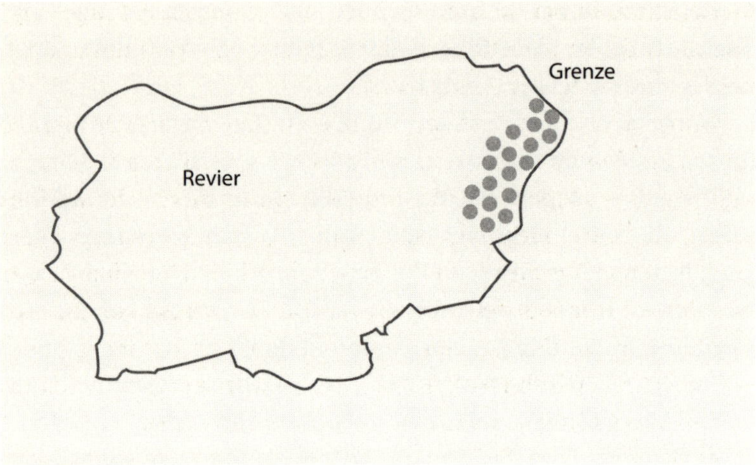

Der Bereich vor unserer Grenze, in dem es uns am besten geht: kraftvoll und in unserer vollen Ausdehnung.

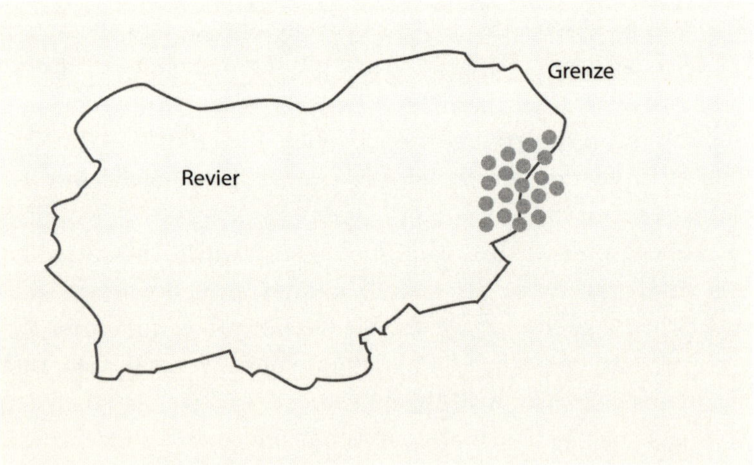

Dort spüren wir häufig eine Zunahme unserer Kraft, die es ermöglichen kann, dass wir über unsere Grenze hinauswachsen und unser Revier erweitern.

Wir entwickeln bei unserem Wirken gewissermaßen Flügel und erleben tiefe Freude. Oft vergessen wir dabei die Welt um uns herum, so sehr sind wir bei der Sache.

Woher wissen wir, dass wir uns in dem Bereich unserer Grenze aufhalten? Unser Kopf wird nur darüber spekulieren und mehr oder weniger kluge Gedanken darüber produzieren. Er weiß es nicht. Und unser Herz wird sich zwar freuen, doch es fragt mehr nach unserem Verhältnis zu anderen Menschen. Der Einzige, der es spürt, ob wir uns dem attraktiven Bereich direkt vor unserer Grenze nähern, das ist, um es noch einmal zu betonen, unser Körper. Wenn wir ihn wahrnehmen, erkennen wir auch, wie weit wir wachsen können, ohne uns dabei zu überfordern.

Wer bin ich, wer bist du? Die Grenze als Ort von Begegnung und Konflikt

An der Grenze endet nicht nur unser Gebiet, an der Grenze beginnt die Welt da draußen, und wir begegnen dort auch den anderen an ihren Reviermarkierungen. Wenn wir nicht bei uns sind und uns nicht abgrenzen können, besteht die Gefahr, dass wir uns in der Welt oder an die anderen verlieren. Die Umwelt mit ihren Reizen, Anfechtungen und Einflüssen könnte über uns bestimmen, und wir würden nur noch reagieren.

An unseren Grenzen begegnen wir auch häufig unerfreulichen Zeitgenossen, den Manipulierern, »Energievampiren« und übergriffigen Nachbarn, die sich auf Kosten unseres Reviers ausbreiten. Hier entscheidet sich, ob sie uns manipulieren können, ob wir es zulassen, dass sie übergriffig werden und uns energetisch schwächen. Oder ob vielleicht andere, die sich noch weniger abgrenzen können, *uns* so erleben.

Denn ebenso kann es geschehen, dass wir in die Gebiete der anderen vorstoßen. Das löst nicht selten Konflikte aus. Vielleicht würden wir gar nicht einmal verstehen, weshalb wir bei den anderen nicht landen, sondern abgelehnt werden. Weshalb andere sich uns gegenüber so aggressiv verhalten, obgleich wir es doch so gut meinen.

Ich will etwas, was du nicht willst

Nicht immer findet man ein Gegenüber, mit dem man harmonisch in der Lage seiner Grenzen übereinstimmt. Nehmen wir an, ich möchte in einem Gespräch auf einer Party zum Beispiel gern tiefer einsteigen in das Thema, über das wir gerade reden, doch ich registriere, dass Ihnen das Besprochene schon reicht. Angenommen, ich würde das nicht weiter beachten und versuchen, mit noch mehr Details und Fragestellungen meine Erörterungen zu intensivieren, dann würden Sie bei unserer nächsten Begegnung vermutlich einen großen Bogen um mich machen. Also ziehe ich mich besser mit ein paar Floskeln zurück und wende mich anderen Gästen zu.

Wenn wir dieses feine Abstimmen an den Grenzen auf den geringsten gemeinsamen Nenner unterlassen, verändert sich der Charakter des Kontaktes. Das Ergebnis wäre eine erzwungene Begegnung, in der sich zunächst derjenige nicht wohlfühlt, der sich dazu gedrängt fühlt. Doch in einer Beziehung kann es dem einen auf Dauer nicht gut gehen, wenn es dem anderen nicht auch gut geht. Mit einer erzwungenen Nähe wäre also nichts gewonnen.

Das Maß des möglichen Kontaktes bestimmt immer derjenige, der *weniger* Nähe möchte. Die Konsequenz daraus lautet, dass derjenige, der sich eigentlich mehr wünscht, sich auf das angebotene Maß einlassen muss, wenn er die Qualität der Beziehung nicht verschlechtern oder sie gar ganz verlieren möchte. Doch dieser Verzicht kann dazu beitragen, dass sich von einer gemeinsamen Basis ausgehend etwas ganz Eigenes und vielleicht viel Intensiveres entwickeln kann. Derjenige, der weniger wollte, kann sich verstanden, respektiert und sicher fühlen. Mit der Zeit fasst er dadurch häufig Vertrauen und kann allmählich größere Nähe zulassen.

Wir zeigen uns an unseren Grenzen

Manche Menschen gehen nicht so weit, dass sie ihre eigenen Grenzen erreichen. Sie füllen nicht einmal ihr eigenes Revier aus. Doch das bleibt nicht lange so. So wie es in der Natur kein Vakuum gibt, drängen andere vor, breiten sich auf unsere Kosten aus. Auch hier sind Konflikte vorgegeben, doch Menschen, die ihr eigenes Revier nicht einnehmen, weichen eher zurück, sie geben eigenen Boden preis.

Seine Grenzen zu zeigen, sein Revier zu halten, das erfordert von uns, dass wir zu unserer Begrenztheit stehen, zu unseren Eigenheiten. Wir zeigen durch Grenzen Kontur. Erst dadurch werden wir für andere greifbar. Damit gehen wir ein gewisses Risiko ein: Sind wir mit unseren Besonderheiten für den anderen willkommen? Wir könnten immerhin abgelehnt und zurückgewiesen werden. Menschen, die ihr Revier nicht ausfüllen, zeigen sich nicht bei einer Begegnung. Wagt sich auch der andere nicht an seine Grenze vor, dann bleibt es oft bei einem freundlichen Winken aus der Ferne. Nähe ist dann nicht möglich. Begegnung findet nicht statt.

Das Leben als Adaptionsprozess

Leben lässt sich beschreiben als ein ständiger Prozess der Anpassung. Darwin spricht vom »Survival of the fittest«. Und damit ist nicht unbedingt das Überleben des sportlich »Fittesten« gemeint, sondern desjenigen, der sich am besten anpassen kann – *to fit in*: an die Umgebung mit ihren Möglichkeiten und Gefahren, an Veränderungen des Nahrungsangebotes oder an Klimaschwankungen … Und selbstverständlich ist auch das Geschäftsleben ein ständiger Anpassungsprozess. Man geht mit der Zeit, sonst ist man bald abgehängt, man versucht mit der technischen Entwicklung mitzuhalten, mit der Mode, mit der Konkurrenz … Man versucht den Trend rechtzeitig zu erspüren und ihm möglichst voraus zu sein. Und wer genügend Einfluss hat, versucht sogar die Mode und den Trend selbst zu beeinflussen. Man passt sich den anderen an und versucht auch sie dazu zu bringen, sich an einen anzupassen.

Anpassung gilt vielen Menschen als verwerflich. Und dennoch tun sie es tagtäglich. Denn wer sich nicht anpasst, zum Beispiel beim Autofahren – dem Verkehrsfluss, den Regeln, der Straße –, der wird nicht an sein Ziel kommen.

Umgangsformen: Schutz an unbekannten Grenzen

Die Kunst der Anpassung besteht darin, sich zugleich anzupassen und sich selbst dabei treu zu bleiben, seine Substanz zu erhalten, seine Werte nicht zu verraten, seine Richtung zu bewahren. Und dennoch gleichen wir uns in der Begegnung dem anderen ein wenig an, wir kommen ihm zumindest so weit entgegen, um das passende Maß von Distanz und Nähe festlegen zu können oder ihn so weit zu erkennen, dass wir mit ihm nicht zusammenstoßen und uns nicht in unnötigen Konflikten verstricken.

Dauernde individuelle Anpassung in der Begegnung wäre jedoch sehr mühsam. Eine standardisierte Form der Anpassung, an die man sich stets in solchen Situationen anpassen könnte, wäre da schon eine große Erleichterung! Diese Hilfe bieten Umgangsformen und Höflichkeit. Dazu gehört zum Beispiel das Unterscheiden von Sie und Du, der Gruß, das Bitte und Danke. Es sind gewissermaßen Puffer, Abstandshalter, mit denen wir unnötige Kollisionen und Grenzverstöße und die damit verbundenen Verletzungen vermeiden. Wer dem anderen näherkommen möchte, kann das auch wieder durch entsprechende Formeln signalisieren. Die Vorteile liegen auf der Hand: Ich muss mich dann nicht ganz speziell an die andere Person anpassen, die ich ja noch gar nicht kenne, sondern nur an die einfach erlernbaren Formen der Konvention, und kann in der Begegnung entspannt bleiben.

Grenzen sind nichts Festes. Und schon gar nicht die Grenze

zwischen zwei Menschen. Beide können nicht nur unterschiedliche Ausgangssituationen, Bedürfnisse und Interessen haben, sie bewerten einen Kontakt oft auch ganz unterschiedlich oder verorten ihn in verschiedenen Kategorien wie zum Beispiel »geschäftlich«, »kollegial«, »familiär«, »privat« oder »intim« und geben ihm einen entsprechend anderen Stellenwert.

IM REISEZENTRUM *vor der Fahrkartenausgabe. Die alte Dame vor mir möchte, nachdem sie ihre Karte bezahlt hat, noch ein kleines Schwätzchen über ihr Reiseziel halten. Der Mann am Schalter lächelt zurück und wünscht ihr eine gute Reise. Er setzt ihr freundlich eine Grenze und winkt mir, von hinter der Wartelinie näher zu treten.*

Während für den Bahnangestellten dieser Kontakt einer von sehr vielen geschäftlichen war, hatte er für die alte Dame offenbar einen ganz anderen Stellenwert. Das Gute an den Umgangsformen: Obwohl in diesem Beispiel Grenzen gezeigt werden, kommt es zu keiner Verletzung. Wir drücken sogar Achtung und Wertschätzung aus. Wir sagen zum Beispiel »Sie«. Wenn wir dem anderen signalisieren möchten, dass wir mit ihm näheren Kontakt wünschen, dann bieten wir ihm vielleicht das Du an. Doch auch das erfolgt nach Konventionen. Das Angebot darf zum Beispiel nicht jeder aussprechen, etwa ein Mitarbeiter der Chefin gegenüber. All das dient dem Schutz von Grenzen und erspart uns Enttäuschungen und Verletzungen.

Doch auch das kann es geben: dass Menschen vor lauter Formen und Höflichkeiten sich fast gar nicht mehr begegnen. Sie sind hinter diesem schützenden Vorhang für ein Gegenüber kaum noch zu erkennen. Genauso wie wir es wagen müssen, Grenzen zu setzen, müssen wir Mut aufbringen, auf den anderen zuzugehen. Wir können Signale geben, wenn wir näheren Kontakt haben und uns anderen gegenüber mehr öffnen möchten. Der andere wiederum hat die Freiheit, nur in dem Maße darauf einzugehen, wie er es möchte. Möchte er nicht darauf einsteigen, erfordert seine Abgrenzung von ihm wiederum Courage, die unseren Respekt verdient.

WIE IST ES BEI IHNEN?

REFLEXION: WIE REAGIEREN SIE, WENN SIE AUF ABGRENZUNG STOSSEN?

Angenommen, Sie möchten intensiveren Kontakt zu Ihrem Gegenüber. Sie haben einen Vorstoß gewagt, doch Ihr Gegenüber ist nicht darauf eingegangen und hat seine Grenzen deutlich gezogen. Wie reagieren Sie darauf?

- Sie fühlen sich verletzt und abgelehnt.
- Sie tragen der anderen Person jetzt etwas nach.
- Sie möchten mit der Person nun nichts mehr zu tun haben und brechen den Kontakt ganz ab.
- Sie mögen die andere Person nun nicht mehr.
- Die andere Person ist zu Ihrem Gegner geworden.
- Sie ziehen sich aus dem Kontakt zurück.
- Sie bleiben bei dem bisher gewohnten Maß des Kontaktes.
- Sie lassen nicht locker und probieren es weiter.

Wenn Sie selbst sich besser abgrenzen möchten, ist es wichtig, dass Sie anderen Ihrerseits Abgrenzung zugestehen, auch Ihnen gegenüber. Die Abgrenzung Ihres Gegenübers stellt übrigens keine Aussage über Sie dar, es ist keine Bewertung Ihrer Person, sondern nur eine Stellungnahme in Bezug auf seine eigene Befindlichkeit. Die einzige reife Antwort auf die obige Frage lautet übrigens: Sie bleiben bei dem bisher gewohnten Maß des Kontaktes. – Sollten Sie bei Kontakten zu einem »Alles-oder-nichts« neigen, finden Sie weiteren Aufschluss im Kapitel »Kindheit und Grenzen«.
In Bezug auf die Abgrenzung Ihres Gegenübers könnten Sie sich fragen:

- Wie hat er es gemacht?
- Was können Sie davon übernehmen?
- Was möchten Sie besser oder anders machen?
- Wie möchten Sie sich auf keinen Fall abgrenzen?

Spielen Sie eine Variante, die Ihnen gefällt, in Ihrer Vorstellung durch. Die Aufgabe gleicht einem Balanceakt: Die Aussage »Bis hierher und nicht weiter!« soll erkennbar sein, sie darf aber nicht verletzen und soll den anderen nicht aus unserem Umfeld vertreiben. Wir wollen ihn nicht verlieren, er soll uns erhalten bleiben in der für uns angenehmen Distanz.

Sich selbst verlieren: Vorschnelle Anpassung an andere

Im Idealfall sieht eine Begegnung zwischen mir und einer anderen Person so aus: Mir ist bewusst, was ich möchte. Ich kenne meine Interessen, meine Richtung, nehme meine Bedürfnisse wahr und stehe zu ihnen. Genauso nehme ich die geäußerten Interessen meines Gegenübers wahr. Was ist nun möglich? Was würde den Kontakt scheitern lassen? Und wo liegen sogar Gemeinsamkeiten? Worauf könnte ich notfalls verzichten? Worauf werde ich hingegen bestehen?

Wenn wir uns so aufeinander beziehen, dann findet Anpassung da statt, wo sie hingehört: dort, wo man sich begegnet. Nicht selten jedoch geschieht etwas anderes. Wir nehmen diese Anpassung in uns selbst vorweg und begegnen so, bereits angepasst, dem anderen. Gewissermaßen trete ich dem anderen bereits als Kompromiss zwischen mir und ihm entgegen. Das Ergebnis sind innere Konflikte zwischen der quasi automatisch in mir erfolgten Anpassung und einer anderen Seite von mir, die sich gegen diese Anpassung richtet. Dabei lässt sich häufig eine zeitliche Verzögerung zwischen der spontan erfolgenden und schnellen Anpassung und der »eigenwilligen« Reaktion beobachten, die meist erst im Nachhinein gegen die eigene Assimilation aufbegehrt.

Menschen, die mit sich in diesem Konflikt stehen, glauben oft, einem enormen Anpassungsdruck von außen ausgesetzt zu sein. Die anderen, meinen sie, ließen es nicht zu, dass sie so sein könnten, wie sie sind. In der Folge idealisieren sie gewöhnlich Begriffe wie »Individualität«, »Selbstverwirklichung« und legen Wert darauf, »authentisch« zu sein.

IMMER WENN RITA *ihrem neuen Abteilungsleiter begegnet, zieht sich etwas in ihr zusammen. Sie spürt, dass sie sich anspannt und ein gezwungenes Lächeln aufsetzt. Nach der Begegnung versucht sie, in sich etwas abzuschütteln. Dann mag sie sich selbst nicht mehr und macht sich Vorwürfe. So geht es ihr eigentlich schon seit der Schulzeit mit Lehrern und Erwachsenen, die ihr fremd sind. Sie versucht, so zu antworten und sogar so zu sein, wie diese es wohl erwarten. Sie geht ganz auf den anderen ein und verliert ihre eigenen Bedürfnisse und Interessen dabei aus den Augen. Irgendwann möchte sie einmal vom Malen ihrer Blumenbilder leben können und träumt davon, dann ganz sie selbst zu sein.*

Der neue Abteilungsleiter empfindet den Kontakt mit Rita übrigens auch nicht als angenehm. Er spürt ihre Anspannung und nimmt wahr, dass sie ihm nach dem Munde redet. Wie soll er da erfahren, wie weit die Bearbeitung der Aufträge wirklich ist und wo es hakt? Von Impulsen zu Verbesserungen oder von rechtzeitigen Warnungen vor Engpässen ganz zu schweigen … Er weiß nicht, woran er ist mit Rita. Und Rita kommt manchmal in Situationen, die sie allein eigentlich gar nicht lösen kann. Dann bleibt sie eben länger und arbeitet bis in die Nacht.

FRIEDERIKE *ist unzufrieden mit ihrem Lohn als Teilzeitkraft. Mehr und mehr Groll hat sich in ihr angestaut, denn sie fühlt sich ungerecht behandelt. Endlich wagt sie den Vorstoß und bittet den Filialleiter um einen Termin, um ihn auf eine Lohnerhöhung anzusprechen. Ihr ist klar, dass sie wohl nicht alle ihre Forderungen durchsetzen kann, doch ein Kompromiss wäre immerhin besser als nichts. Endlich sitzt sie vor ihm. Sie stellt die Situation aus ihrer Sicht dar, er zeigt Verständnis und blickt sehr bedenklich. Er berichtet sorgenvoll von stagnierenden Umsätzen und der zunehmenden Konkurrenz. Friederike nickt. Selbst das freiwillige Weihnachtsgeld* *sei gefährdet und eine Feier für die Mitarbeiter wäre wohl auch nicht mehr drin. Friederike kann ihn gut verstehen. Eigentlich ist er ja wirklich nett, sie versteht auch gar nicht mehr, weshalb sie diesen Groll auf ihn hegte. Und noch etwas, er möchte ihre Tätigkeit bei gleicher Stundenzahl auf sechs Tage verteilen. Friederike kommt ihm da gern entgegen. Als sie die Verkaufsräume wieder betritt, wird ihr plötzlich klar, was das bedeutet. Ihre Zeit ist noch mehr zerrissen, sie hat einen größeren Zeitaufwand für die Fahrt zur Arbeit und muss sogar noch mehr Benzinkosten berappen. Sie hat jetzt weniger als zuvor.*

Wer sich so vorauseilend anpasst, kann sich nicht abgrenzen. Gewissermaßen haben wir die Grenze zwischen uns und dem anderen in die eigene Person hineinverlagert. Uns dann abgrenzen zu wollen hieße, uns selbst oder einen Teil von uns damit auszugrenzen. Eine solche Grenze auch noch halten zu wollen, erfordert viel Kraft. Darum erleben wir den Kontakt zu anderen häufig als anstrengend. Erst wer die Sequenz aus der vorauseilenden Anpassung an den anderen und der darauf folgenden »eigenwilligen« Reaktion unterbricht, ihr zum Beispiel eine bewusste Anpassung – ich nenne sie Adaption – entgegensetzt, kann diesem Dilemma entgehen.

ALEXANDER *versteht durchaus, dass sein Chef als Inhaber der Firma völlig andere politische Ansichten vertritt als er. Zur Ausrichtung des Chefs scheint es für Alexander ganz zu passen, dass er »seine Leute« mit seinen Meinungen auch noch ständig behelligt, so als könne er sie damit für seine Richtung, die er offenbar für die einzig vertretbare hält, gewinnen. Auch wenn einige der Kollegen den Chef dann diensteifrig bestätigen, obwohl sie eigentlich anders denken, hört sich Alexander die Sprüche einfach nur an. Er weiß, dass Diskus-*

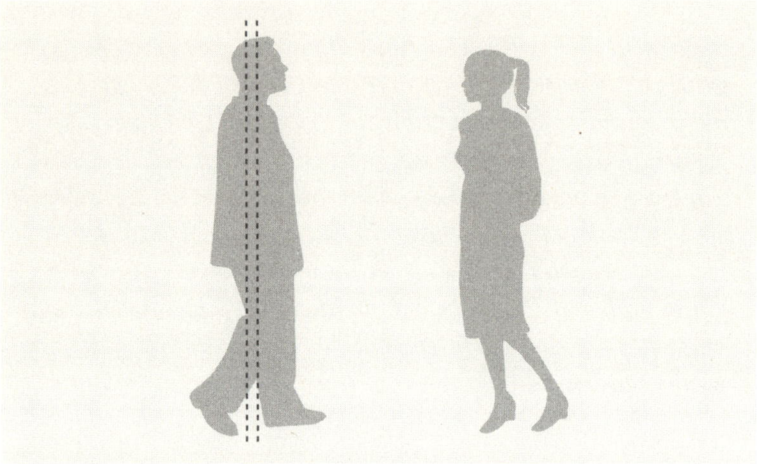

Passive Anpassung: Wir verlagern die Grenze in uns selbst und begegnen unserem Gegenüber vorschnell und unbewusst angepasst.

sionen und Richtigstellungen wenig bringen würden. Er nickt nicht und pflichtet nicht bei. Wenn es ihm gar zu kurios wird, setzt Alexander noch eins drauf: Er macht große Augen und blickt fragend. Daraufhin zeigt der Chef meist noch mehr von seiner Denkweise. Dass Alexander daran seine Freude hat, lässt er nicht durchscheinen. Der Chef, der für Alexander sonst ganz in Ordnung ist, blickt nur in ein offenes Gesicht. Und eigentlich möchte Alexander nicht einmal den Chef auf die Schippe nehmen, sondern seine Kollegen ärgern, die sich dann noch stärker anzupassen versuchen, obwohl sie nachher nur wieder über den Chef lästern. – Alexander passt sich nur äußerlich an, um mit seinem Chef gut auskommen zu können, er weiß seine Grenze zu wahren und verbiegt sich nicht.

Adaption bedeutet, uns aktiv und bewusst an eine Gegebenheit oder Situation anzupassen. Sie findet nicht in mir statt, sondern zwischen mir und meinem Gegenüber.

Gute Zäune, gute Nachbarn

Wenn Konflikte entstehen, sind meist Grenzüberschreitungen und Revierverletzungen der Auslöser dafür. Wie viel Ärger, Zank und Streit könnten wir reduzieren, wenn wir bewusster mit unseren Grenzen und denen der anderen umgehen würden. Selbst wenn wir aus guter Absicht handeln, dem anderen Wohltaten und Großzügigkeiten zukommen lassen möchten, kann es sein, dass wir damit seine Grenzen überschreiten und entsprechende Aggression in ihm hervorrufen.

MARION *berichtet aufgebracht vom Besuch ihrer Schwiegermutter. Schon wieder hatte diese sich in die Erziehung der Kinder eingemischt und ihnen etwas verboten. Eigentlich mag Marion ihre Schwiegermutter. Im Gespräch stellt sich heraus, dass Marion den Kindern an derselben Stelle Einhalt* *geboten und sogar dasselbe gesagt hätte. Und trotzdem hat sie sich innerlich aufgeregt, auch wenn sie das Verhalten ihrer Schwiegermutter ihr gegenüber nicht kommentiert hatte. – Es ging also um das Einhalten einer Grenze: Die Schwiegermutter hatte nichts Falsches getan, sie hatte jedoch Marions Grenze verletzt. Diese bestand darin, dass Verbote an die Kinder nur von ihr selbst oder ihrem Mann ausgesprochen werden, es sei denn, es wurde explizit anders vereinbart.*

ALS MARIA *von ihrer Reise nach Hause kam, krampfte sich ihr Magen zusammen. Sie sah, dass in ihrem Teil des Gartens ein Hibiskusstrauch gepflanzt worden war – offenbar eine Aufmerksamkeit der Hauswirtin zu ihrem Geburtstag. Hätte sie nicht fragen können? Maria hatte ihre eigenen Vorstellungen, wie sie ihren Gartenanteil gestalten wollte! Auch wenn der Strauch schön war – freuen konnte sie sich nicht.*

Um zu vermeiden, selbst mit gutem Willen den anderen aggressiv aufzuladen, müssten wir mehr kommunizieren und uns abstimmen. Es würde uns helfen, wenn wir uns verständlich machten, Fragen stellten, um Erlaubnis bäten. Doch um eine Frage kommen wir auch dann nicht herum: Wo liegen denn eigentlich die Grenzen zwischen mir und den anderen?

Meine Grenze – deine Grenze – unsere Grenze

Wenn es schon ungewohnt für viele Menschen ist, ihre eigene Grenze wahrzunehmen, erscheint es zunächst noch komplexer, die Lage der Grenze zwischen sich und einer anderen Person herauszufinden.

Meine eigenen persönlichen Grenzen liegen dort, wo ich den Übergang spüren kann: Jetzt geht es mir ziemlich gut, vielleicht geht es mir sogar immer besser, je näher ich der Grenze komme, und plötzlich fühle ich mich nicht mehr ganz so wohl. Genau dort lag die Grenze. Dieser Wechsel kann manchmal abrupt spürbar sein, oft wird er auch erst mit einer Verzögerung wahrgenommen, weil man den Kontakt zu sich selbst verloren hat.

Wenn zwei Menschen sich begegnen, dann können beide in Bezug auf ihren Kontakt ganz unterschiedliche Bedürfnisse, Vorstellungen und Wünsche haben. Vielleicht ist es mir angenehm, wenn der Abstand zu dieser Person recht weit bleibt. Strebt sie größere Nähe an, bekomme ich vielleicht das Gefühl, dass sie sich mir aufdrängt. Ich fühle mich dann unter Druck und nicht mehr wohl. Wenn sie meine Signale jetzt nicht versteht, werde ich mich ganz entziehen. Mit einem anderen Menschen jedoch bin ich vielleicht in der umgekehrten Situation: Ich wünsche mir näheren Kontakt als mein Gegenüber. Jedem von uns geht es manchmal so, und dennoch gelingt uns dieses Abtasten von Gemeinsamkeiten und Grenzen meist, ohne dass es zu Verletzungen kommt.

Der als angenehm empfundene soziale Abstand kann von Mensch zu Mensch, von Land zu Land mit seinen jeweiligen Traditionen und Mentalitäten ganz unterschiedlich sein. Während viele Süditaliener zum Beispiel einen relativ geringen körperlichen Abstand zu einem Bekannten gewöhnlich als angenehm empfinden, kann das von vielen Norditalienern als allzu nah erlebt werden.

Meine optimale Grenze in Bezug auf eine konkrete Person liegt da, wo es mir im Kontakt zu ihr am besten geht. Ebenso liegt die Grenze des Gegenübers im Verhältnis zu mir dort, wo es ihm am besten geht. Wir haben Glück, wenn diese Bereiche des Wohlfühlens, die für jeden von uns passenden Abstände und die Lage der individuellen Grenzen, sich decken. Dann geht es uns besonders gut, wenn wir zusammen sind. Wir erleben ein entspanntes und vielleicht spannendes Miteinander. Wir begegnen uns optimal, denn wir kommen uns nahe, ohne dass der eine oder der andere zurückstecken muss oder sich bedrängt fühlt. Unsere Reviere grenzen optimal aneinander.

Wenn die Grenzen überschritten sind, dann kracht es!

Wenn uns zum Beispiel jemand zu nahe tritt und uns an unseren Grenzen bedrängt, dann können wir das körperlich spüren – vorausgesetzt wir nehmen unseren Körper wahr. Der eine empfindet ein unangenehmes Prickeln auf der Haut, ein anderer einen Druck auf der Brust oder ein Zusammenziehen des Magens, eine Hitze im Bauch … Die Haare können sich sträuben, die Härchen sich aufstellen. Anschließend kommt es oft zu weiteren Reaktionen. So hält der eine mit seiner Aggression kaum noch an sich, er könnte aus der Haut fahren, würde am liebsten tätlich werden. Ein anderer reagiert wiederum mit der Tendenz zu fliehen, zurückzuweichen und wehrlos Boden preiszugeben.

Die Stressreaktion aus der Steinzeit

Sind unsere Grenzen bedroht, dann zeigt sich das unter anderem am flachen und schnelleren Atmen und an der Erhöhung des Blutdrucks. Der Herzschlag ist beschleunigt, der Hautwiderstand sinkt, der Muskeltonus steigt an … All das sind Signale dafür, dass wir diese Situation als Bedrohung erleben. Stress wird ausgelöst, auch wenn unser Leben gar nicht real in Gefahr ist. Alle Kräfte werden mobilisiert für einen Kampf gegen den Bedränger. Auch wenn diese Reaktion nur selten auf die Situationen in unserer heutigen Lebenswelt passt, sind wir mit diesem uralten Programm aus der Vorzeit ausgestattet. Es hat das Überleben unserer frühen evolutionären Vorfahren ermöglicht und bestimmt weiterhin unser Leben, selbst wenn es heute eher hinderlich ist und unsere Gesundheit gefährden kann.

Wenn wir nicht im Kontakt sind mit unserem Körper, dann spüren wir gar nicht, was in uns vor sich geht. Wir nehmen die ersten Anzeichen dafür, dass unsere Grenzen in Gefahr sind, nicht wahr. Wir spüren nicht, dass wir uns im Stress befinden und erkennen auch nicht, dass wir drauf und dran sind, uns zu verdrücken oder tätlich zu werden (zu flüchten oder zu kämpfen), vielleicht auch mit einer Art geistiger und energetischer Lähmung zu reagieren (uns totzustellen). Wir befinden uns stattdessen zum Beispiel im Kontakt mit unserem Gesprächspartner, der uns im realen oder im übertragenen Sinne gerade zu nahe kommt. Wir vertiefen uns in seine Gedanken, bemühen uns, ihn zu verstehen und seinen Bedürfnissen gerecht zu werden. Auch sind wir vielleicht damit beschäftigt, einen guten Eindruck zu machen. Unsere Belange und unser Wohlergehen lassen wir dabei häufig ganz aus den Augen. Wir sind nicht bei uns, sondern bei dem anderen.

Und manchmal sind es gar nicht die anderen, die uns bedrängen und uns unsere Energie rauben, wir sind es selbst, die unsere Grenzen gefährden und uns anbieten. Die Signale, die unser Körper gibt, übergehen wir, wir sind ganz in der Welt unserer Gedanken gefangen, die uns unser Kopf erzählt. Auch dann merken wir nicht rechtzeitig, was in uns vor sich geht. Wir ignorieren auch hier die Reaktionen unseres Körpers, wir spüren nicht, dass sich da etwas in uns zusammenbraut. Wir nehmen es erst viel später wahr. Es überkommt uns plötzlich mit seiner Zusammenballung an Energie, die für uns längst nicht mehr steuerbar ist. Sie wird unerträglich und sucht auf eigene Faust einen möglichst kurzen Weg zur erlösenden Entladung.

In der archaisch anmutenden Stressreaktion wird alle Energie zusammengeballt, damit das Lebewesen im Kampf ums Überleben bestehen kann. Bei unseren evolutionären Vorfahren ging es immer um die Frage: Leben oder Tod? Und auch wenn es seltsam anmutet: Unser Nervensystem reagiert auch heute noch, als seien wir körperlich bedroht. Im Zeitmaßstab der Evolution liegt zwischen unseren Vorfahren aus der Frühzeit und uns nur ein Katzensprung, zu wenig, als dass sich an der Stressreaktion grundsätzlich etwas geändert hätte. Die Reaktion fällt noch immer blitzschnell zwischen drei vorgegebenen Möglichkeiten: Kampf, Flucht, Sich-tot-Stellen. Das einzelne Lebewesen hat auf diese Entscheidung kaum bewussten Einfluss. Je nach Situation wird es also angreifen, weglaufen oder kollabieren. Die beiden ersten Alternativen haben in der Natur den Vorteil, dass die mobilisierte Energie ganz konkret durch Bewegung und Muskeltätigkeit auch wieder abgebaut wird.

Implosion oder Explosion?

Wenn wir nicht rechtzeitig und bewusst unsere Grenzen schützen oder wahren und es gar nicht so weit kommen lassen, dass Stress ausgelöst wird, reagieren auch wir selbst bei eigentlich »harmlosen« Grenzübertritten mit den drei Möglichkeiten Angriff, Flucht oder Lähmung. Die Reaktion ein und desselben Menschen auf Grenzüberschreitungen kann ganz unterschiedlich sein, je nach dem Ort, an dem sie stattfindet, nach der Person, die unsere Grenze zu verletzen droht, und unserer Tagesverfassung. So kann der eine in beruflichen Situationen in die Lähmung gehen und alle Zumutungen schlucken, während er zu Hause bei seiner Familie eher explodiert und im Freundeskreis dazu neigt, die Flucht anzutreten – oder umgekehrt. Eine entscheidende Rolle spielt dabei häufig die Frage, ob die Grenze von einer höher gestellten Person bedrängt wird, von einer Person mit gleichem oder niedrigerem Rang.

Wer explodiert, wird oft selbst davon überrascht und überwältigt, wenn sich die angestaute Energie nach außen entlädt. Wir sind dann kaum in der Lage, diesen Ausbruch zu steuern. Auch wenn die Entlastung zunächst als befreiend erlebt wird, erschrecken wir. Waren wir eben noch die Geduld oder Toleranz in Person, so erleben wir uns plötzlich als Täter und schuldig. Wenn wir erkennen, was wir angerichtet haben, machen wir uns klein, unterwerfen uns vielleicht sogar und bemühen uns, durch besonders selbstloses Verhalten den Schaden wieder gut zu machen. Wir sühnen mit noch mehr Anpassung und Selbstlosigkeit. Die Folge liegt auf der Hand: Wir achten danach noch weniger auf die Einhaltung unserer eigenen Grenzen. Mit so viel gutem Willen tragen wir so selbst dazu bei, dass unsere Grenzen bald wieder überschritten werden und es erneut zu einem explosiven Ausbruch kommt. Selten wird der Ablauf durchschaut. Statt zu verhindern, dass unsere Grenzen verletzt werden können, konzentrieren wir uns darauf, im Vorfeld ganz besonders nachsichtig und selbstlos zu sein. – Bis zum nächsten Mal!

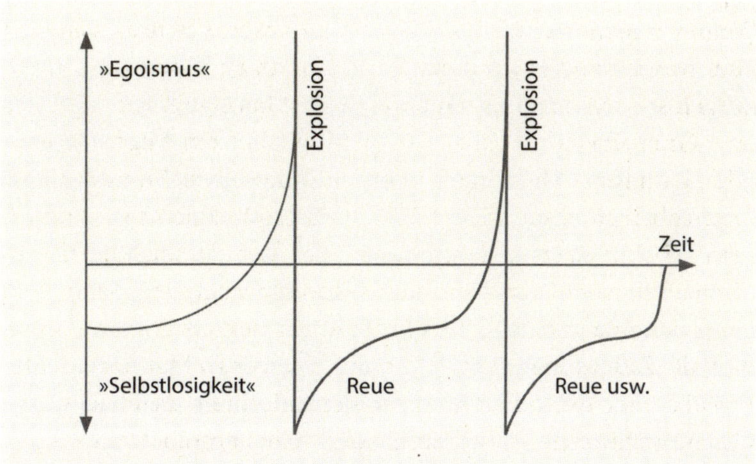

Die Dynamik aus »Selbstlosigkeit« und Ausrasten:
Bemerken wir das Steigen der inneren Anspannung nicht, wenn unsere Grenzen gefährdet sind, explodieren wir irgendwann. Das schlechte Gewissen erneuert jedoch nur die bestehende Dynamik.

Die Auswirkungen von explosiven Kurzschlusshandlungen als Folge von Grenzüberschreitungen können beträchtlich sein. Familien und Partnerschaften werden zerrüttet, Freundschaften beendet, Karrieren abgebrochen und Existenzen zerstört. Wer hingegen implodiert, dem merkt nicht jeder etwas an, denn nach außen zeigt sich wenig. Wir sind in diesem Fall gewissermaßen auf der Flucht nach innen, geben unser Revier preis und unternehmen keine Anstrengungen, unsere Grenzen zu halten. Wir lassen uns sehenden Auges zur Seite drängen. Was andere erkennen könnten, wäre zum Beispiel eine Veränderung der Durchblutung des Gesichts. Wer implodiert, wird meist blass, alle Energie scheint aus ihm gewichen zu sein. Die Lippen werden schmal, die

Augen erscheinen matt, die Haltung schlaff oder starr. Mancher macht auch noch ein freundliches Gesicht dazu und nickt vielleicht sogar beflissen. Er fällt in sich zusammen, resigniert und wird bitter.

Körperliche Symptome als Grenzwächter erkennen

Häufig stellen sich in einer solchen Situation alte, meist längst bekannte Symptome wieder ein. Die Beschwerden können unterschiedlicher Art sein, sie verstärken die Tendenz, sich weiter zurückzuziehen von der Welt, und lassen den Wunsch aufkommen, die eigenen Wunden zu lecken. Sehr oft nehmen wir in diesem Ablauf nur das Symptom wahr, das eigentlich erst am Ende der Entwicklung steht. Die Beschwerden sind unübersehbar, wie es dazu kommen konnte, durchschauen wir meist nicht.

WENN FÜR MARTINA *die Jahresabrechnung ansteht, konzentriert sie sich ganz auf die Arbeit und stellt ihre eigenen Bedürfnisse völlig zurück. Hat sie eine Unstimmigkeit entdeckt, dann gibt sie nicht eher Ruhe, als bis sie den Fehler gefunden hat. Darüber vergisst sie manchmal sogar, sich Licht zu machen, wenn es dunkel wird. Sie gönnt sich keine Pause und bemerkt oft erst, wenn sie übermüdet nach Hause gehen will, dass ihr Rücken eiskalt geworden ist und längst schmerzt. Auch heute geht sie als Letzte heim. Zu Hause brennen die Augen, sie spürt, dass sie nichts essen kann, und da kommen auch schon die ersten Anzeichen ihrer Migräne. – Sie wundert sich, dass sie ausgerechnet immer dann krank wird, wenn es gar nicht geht, während sie die Tabletten schluckt. Das versteht sie nicht. Sie sollte mal eine richtige Kur machen, dann wird es bestimmt besser, sagt sie sich, und schreibt noch eilig eine E-Mail, dass sie morgen zu Hause bleiben muss.*

Mögliche Symptome als verspätete Grenzwächter

Folgende Symptome können als Reaktion von Grenzüberschreitungen auftreten. Sie alle haben dabei die Tendenz, chronisch zu werden:

- Migräne
- Muskelverspannungen (Schulter, Nacken etc.)
- Tinnitus
- Herzrasen, Herzbeklemmungen, nervöse Herzbeschwerden
- Atembeklemmungen
- Reizhusten
- Verstärkung von allergischen Reaktionen
- Asthmatische Beschwerden
- Magenschmerzen, Übelkeit
- Reizdarm
- Blasenentzündungen, Prostatabeschwerden
- Mit Zeitverschiebung: Schnupfen, Erkältungen, Infekte

Wie Symptome fehlinterpretiert werden

Häufig wird nach der Symbolik solcher körperlichen Symptome gesucht, nach dem Motto: »Was will mein Körper mir damit sagen?« Diese eher philosophischen Fragestellungen passen wenig auf den Körper, der eher einfach nach dem Muster angenehm/unangenehm funktioniert und sich durch Befindlichkeiten mitteilt. Die Interpretationsversuche führen deshalb auch nur selten zu einer überzeugenden Lösung.

Wichtiger als die mögliche Bedeutung eines Symptoms ist die Frage, wann und in welchen Zusammenhängen die Symptome auftreten, welche Funktion ein Symptom in einem System hat und wie es durch sein Auftreten zum Erhalt des krank machenden Ablaufs beiträgt.

MARKUS *berichtet von seinen Prostataproblemen, die ihm lange Zeit das Leben schwer gemacht hatten. Die zweijäh-*

rige Psychotherapie hatte wenig Erhellungen gebracht und vor allem keine Besserung. Kaum war eine scheinbare Deutung gefunden, widersprach eine konkrete Situation dieser so logisch erscheinenden Interpretation. Mal schien zum Beispiel sein Wunsch dahinterzustehen, öffentlich in Erscheinung zu treten, dann seine Sehnsucht nach Geborgenheit, ein anderes Mal die ungeweinten Tränen aus seiner Kindheit, dann endlich sein Wunsch, in den »Fluss des Lebens« zu kommen, der demnach durch den Drang, seinen Urin fließen zu lassen, symbolhaft dargestellt wurde … Als er den Druck auf Blase und Prostata auch vor den allwöchentlichen Sitzungen verspürte, erkannte er selbst das Muster: Der Druck auf Prostata und Blase trat immer dann auf, wenn eine Grenze erreicht war! Es gelang ihm endlich, alle Situationen, in denen das Symptom ihn bedrängte, unter einen Hut zu bekommen: Wenn eine Besprechung zu lange dauerte, wenn er zu lange allein war, wenn er zu viel gearbeitet hatte, wenn er zu lange zugehört hatte. – Immer war eine Grenze erreicht und überschritten worden. So klärte sich der Zusammenhang: Das Symptom war ein verspäteter Grenzwächter!

Es ging in Markus' Fall also gar nicht um eine symbolhaft verklausulierte Mitteilung des Körpers oder eines Organs wie hier der Prostata an sein Bewusstsein, sondern schlichtweg darum, dass die Grenze bedroht war und der Körper mit seinem schwächsten Organ auf diesen Stress reagierte. Von nun an achtete Markus auf seine Grenzen. Er blieb in Kontakt mit seinem Körper und nahm schon im Vorfeld wahr, wie es ihm ging und wann er sich seinem Limit näherte. Vor allem begann er, die jeweilige Situation selbst aktiv nach seinen Bedürfnissen zu gestalten. So kam es dazu, dass das Symptom immer seltener auftrat. Wenn es sich dennoch einmal zeigte, dann betrachtete er es auch nicht mehr als etwas Störendes, sondern als wichtigen Hinweis und Erinnerung an seine Grenzen, die er dankbar annahm.

Genauso wie Markus das Auftreten und die Intensität seiner Beschwerden langsam reduzieren konnte, lassen sich viele chronische Symptome durch genaue Wahrnehmung und Beachtung der eigenen Grenzen zurückbilden. Dabei kann es zunächst so erscheinen, dass man sich weniger zutraut als zuvor. Nach einer kurzen Zeit der Konsolidierung kehrt sich die Entwicklung wieder um, man kann mit zunehmender Kraft und Sicherheit seine Grenzen allmählich ausweiten und sich entsprechend mehr zumuten.

REFLEXION ZU IHREM UMGANG MIT GRENZÜBERSCHREITUNGEN

Rufen Sie sich eine konkrete Situation ins Gedächtnis, um Ihren Umgang mit Grenzüberschreitungen neugierig zu hinterfragen.

- Wer überschreitet Ihre Grenze?
- Kommt es eher dazu, dass andere Ihre Grenze überschreiten?
- Oder geschieht es, dass Sie selbst über Ihre eigene Grenze gehen? Die meisten Grenzüberschreitungen durch andere werden dadurch ermöglicht, dass man selbst seine eigenen Grenzen überschreitet. Auf Ihren eigenen Beitrag haben Sie selbst den größten Einfluss.

Zu welchen Reaktionen neigen Sie?

- Tendieren Sie eher zu einer nach außen gerichteten Reaktion?
- Werden Sie zornig? Rasten Sie aus? Schimpfen Sie? Geht Ihre Reaktion über das Sprachliche hinaus?
- Neigen Sie eher zu einer nach innen gerichteten Reaktion?
- Rückzug, Flucht, Aufgabe, Selbstvorwürfe, Resignation, Symptome, Schmerzen, Depression, Verbitterung …?
- Spielt auch Lähmung eine Rolle? – Eine Lähmung kann so weit gehen, dass man sich erst später erinnern kann, was abgelaufen ist.
- Bei welcher Art von Grenzüberschreitung reagieren Sie eher nach außen und bei welcher nach innen gerichtet? Auch eine Kombination von explosiven, implodierenden oder kollabierenden Reaktionen ist möglich.

Zu welchem Zeitpunkt haben Sie festgestellt, dass Ihre Grenze überschritten wurde?

- Konnten Sie bereits im Vorfeld etwas bemerken?
- Kurz vorher? – Haben Sie es gewissermaßen kommen sehen?
- Genau während der Grenzverletzung?
- Gleich nach der Grenzverletzung?
- Erst später?
- Wie viel später nach der Überschreitung der Grenze?
- Wie ging es Ihnen vorher?
- Wie ging es Ihnen während der Grenzüberschreitung?
- Wie ging es Ihnen danach?

Woran haben Sie die Grenzüberschreitung bemerkt?

- Haben andere Sie darauf hingewiesen?
- Durch ein bestimmtes Verhalten des Grenzverletzers?
- Durch Ihre eigene Reaktion darauf?
- Durch Gedanken?
- Durch ein Gefühl oder eine Stimmung?
- Durch Ihre körperliche Befindlichkeit?
- Konnten Sie Stress, Spannungen, Druck, Unruhe in sich spüren? Wann, wo und wie?
- Konnten Sie Ärger oder Aggression in sich wahrnehmen? Wann, wo und wie?
- Verspürten Sie die Tendenz zur Flucht, zum Rückzug oder fühlten Sie Resignation?
- Und mit welchen Gefühlen und Befindlichkeiten war das verbunden?
- Konnten Sie körperliche Symptome oder Schmerzen wahrnehmen? Wo und wie?
- Wann haben Sie die körperlichen Symptome bemerkt?

Wie haben Sie selbst die Grenzüberschreitung ermöglicht?

- Welche Gedanken haben dazu beigetragen, dass Ihre Grenze überschritten werden konnte?
- Welche Gefühle, Wünsche oder Erwartungen haben dazu beigetragen, dass Ihre Grenze überschritten werden konnte?

- Was genau haben diese Gedanken und Gefühle bewirkt?
- Wie könnten Sie diese Gedanken und Gefühle so erweitern, einschränken oder verändern, dass sie den Situationen besser entsprechen? (Es geht also nicht darum, ins genaue Gegenteil zu verfallen!)
- Mit Abstand betrachtet: Was war es vor allem, das diese Grenzüberschreitung ermöglicht hat?

Die Situation verändern: Probehandeln in der Vorstellung

Gehen Sie in Ihrer Vorstellung zurück in die Situation vor der Grenzüberschreitung: Verändern Sie Ihre Aufmerksamkeit, Ihre Gedanken, Ihre Gefühle, Wünsche und Erwartungen so, dass Sie sich anders verhalten und es gar nicht erst zur Grenzüberschreitung kommt. Statt sich nach einer Grenzüberschreitung Vorhaltungen zu machen, setzen Sie Ihre Energie lieber konstruktiv ein, indem Sie sich eine korrigierte Version der Situation, bei der Sie Ihre Grenzen wahren können, aktiv vorstellen und durchspielen. Auf diese Weise tragen Sie dazu bei, dass es beim nächsten Mal vielleicht schon besser läuft.

Und seien Sie bitte nachsichtig mit sich, wenn es einmal nicht gleich geklappt haben sollte!

Der Krankheit und den Symptomen zuvorkommen

Wer den Zusammenhang zwischen Grenzüberschreitungen und dem Auftreten von Krankheitssymptomen erkannt hat, der kann selbst aktiv dazu beitragen, dass chronische und wiederkehrende Leiden mit der Zeit weniger häufig und weniger stark auftreten. Eine mögliche medizinische Behandlung können wir dadurch ergänzen, dass wir uns weder unter- noch überfordern und uns in dem Bereich vor der Grenze aufhalten, in dem wir am stärksten sind.

INGE *war wegen eines Burn-outs schon einmal in einer Reha-Klinik. Kurze Zeit hat ihr der Aufenthalt gut getan, doch entscheidende Veränderungen konnte sie nicht erreichen. Sie* *kann sich im Beruf und in ihrem Anspruch an sich selbst immer noch nicht begrenzen, ebenso wenig wie gegenüber Ansprüchen von Kunden und Mitarbeitern. Der alte Rhythmus hat sich wieder eingestellt: In der Woche arbeitet sie bis zur Erschöpfung, und zum Wochenende wird sie krank, sodass sie sich nicht mehr aktiv erholen und Kräfte aufbauen kann, sie kann sich nur noch auskurieren und schonen. Die Symptome sind wechselnd und diffus: Mal ist es die Erkältung, mal sind es Magenprobleme, dann wieder der verspannte Rücken oder alles zusammen. Oft schafft sie es nicht einmal mehr, am Montag wieder fit zu sein für die Arbeit. Und manchmal muss sie am Freitag schon zu Hause bleiben. Ihre Fehlzeiten nehmen zu, entsprechend viel hat sie nachzuarbeiten. Der Druck erhöht sich.*

In ihrem Bemühen, diesen Teufelskreis zu durchbrechen, kann sie sich endlich selbst die Erlaubnis geben, einen Körper zu haben. Sie lernt, ihn wahrzunehmen, und kann ihn bald immer besser annehmen. Durch den Kontakt zum Körper vermag sie drohende Symptome bereits im Vorfeld zu erkennen. Sie unterbricht ihre Arbeit und nimmt sich dann offiziell frei, sie lässt es nicht so weit kommen, krank zu werden. Die Höhe der Fehlzeiten bleibt zunächst gleich, doch sie hat einen Vorteil: In der Auszeit, an den Abenden und am Wochenende ist sie gesund. Sie kann sich aktiv erholen und Energie aufbauen. Die Abstände zwischen den Situationen, in denen sie sich frei nimmt, werden allmählich weiter. Ihr energetischer Zustand und damit ihre Gesundheit und Belastbarkeit haben sich dauerhaft verbessert.

Darf ich es mir überhaupt gut gehen lassen?

Im Fall von Inge ist es eine einfache Kalkulation: Die Fehlzeiten durch Krankheit werden durch Freizeit für aktive Erholung rechtzeitig ersetzt. Das Ergebnis: Der Teufelskreis aus Überforderung und Krankheit konnte unterbrochen werden. Bei manchen Menschen geht diese Rechnung allerdings nicht sofort auf. Sie treffen auf ein inneres Hindernis: Sie dürfen es sich nicht gut gehen lassen, die Verbote von Muße, Lebensfreude und Spaß sind tief verinnerlicht. Den Sinn von Ruhe, Besinnung, Freizeit und Erholung müssen sie erst erkennen, um sich Auszeiten zugestehen und sie genießen zu können.

In Zeiten der Überforderung entwickelt man häufig das Trugbild eines Ideals der Unterforderung, in dem man nur noch ruhig und entspannt ohne Herausforderungen lebt.

GUDRUN, *eine erfolgreiche Geschäftsfrau, träumte nach all den Jahren, in denen sie ständig über ihre Grenzen gegangen war, von einem nicht endenden Urlaub. Als es endlich so weit war und sie sich auf einer Ferieninsel zur Ruhe setzen konnte, kam es ganz anders. Nach einer kurzen Phase der physischen Erholung fand sie nicht den Weg in die neue Existenzform. Versuche, Anschluss an andere Ruheständler zu finden, erlebte sie als enttäuschend. Offenbar entsprachen diese mit ihrer Untätigkeit nicht Gudruns Wertesystem. Sie konnte auch selbst so viel freie Zeit kaum ertragen oder gar genießen. Anscheinend blieb ihr selbst nichts anderes übrig, als die auftretende Leere mit nicht eindeutig diagnostizierbaren Krankheiten zu füllen, die ihre ganze Aufmerksamkeit erforderten und ihre Rückkehr nach Deutschland aus medizinischen Gründen erzwangen.*

SVENJA, *die in ihrer Tätigkeit als Lehrerin ständig über ihre Grenzen ging, suchte den Ausweg aus ihrer Selbstüberforderung in einem Sabbatjahr, in dem sie endlich »zu sich kommen« wollte, so als wäre sie während der Arbeit als Pädagogin nicht sie selbst. Das Jahr entwickelte sich zur schlimmsten Zeit ihres Lebens. Svenja erkannte, dass sie sich sogar auf ihren Reisen ständig selbst überforderte. Am Ende ihrer Aus-*

zeit landete sie in einem bolivianischen Krankenhaus. Die Rückkehr in den Beruf erlebte sie für kurze Zeit als Erleichterung. Da sie nichts änderte und auch heute ihre Grenzen noch ständig überschreitet, träumt sie jetzt von einem besseren Leben, wenn ihrem Antrag auf Frühpensionierung endlich stattgegeben wird.

An den Grenzen wachsen

Wenn die Lage unserer Grenzen abhängig ist von unserer Kraft und von unserem Vermögen, unser Revier auszufüllen, dann sind auch unsere Grenzen relativ. Denn es gibt Tage, an denen wir stark sind, und es gibt Situationen, in denen wir uns als schwächer erleben.

EINE TYPISCHE SITUATION *aus dem Sportstudio: Ich spüre, ich fühle mich kraftlos und habe auch keine Lust, mich sportlich zu betätigen. Zugleich weiß ich, dass mir gerade an einem solchen Tag Bewegung sehr gut tun würde. Ich überwinde mich dadurch, dass ich mir den guten Zustand vergegenwärtige, den ich danach gewöhnlich erlebe. – Gewissermaßen mache ich eine Anleihe für die energetische »Anschubfinanzierung« bei dem zu erwartenden Ergebnis meines Befindens. Auf dem Crosstrainer frage ich mich allerdings, ob ich die obligatorischen fünfzehn Minuten zum Warmmachen überhaupt durchhalten werde. Nach fünf Minuten kann ich das bereits bejahen. Doch werde ich so lange trainieren wie vor drei Tagen? Die 45 Minuten, die ich da absolviert hatte, erscheinen mir heute als völlig illusorisch. Doch das muss ich auch nicht. Hauptsache, ich mache mich warm und kann dann noch kurz an die Geräte gehen, damit ich dranbleibe. Ich merke, dass es mir allmählich besser und besser geht.*

Doch ich überfordere mich nicht mit einem zu weit gesteckten Ziel. Das würde mich schwächen. Ich schalte mal auf die Anzeige »Entfernung«, sage mir, dass ich es von aktuell 720 Metern wahrscheinlich noch bis zu 800 Metern schaffen werde. Und dann schaue ich mal wieder auf die verbrannten Kalorien. Vielleicht werde ich es von 132 auf 140 Kalorien bringen. Dann blicke ich wieder auf die Zeit. Von 23 Minuten dehne ich das Training auf 30 Minuten aus. Es geht mir zunehmend besser. Ein kleiner Erfolg baut auf dem anderen auf, ohne dass ich mir Druck dabei mache. Am Ende bin ich bei 50 Minuten angelangt. Da ich noch kurz an die Geräte gehen möchte und abends etwas vorhabe, beende ich das Crosstraining für heute.

In der gerade beschriebenen Situation werden die Grenzen dadurch erweitert, dass es zu einem Zuwachs an Energie kommt. Entsprechend steigt das Leistungsvermögen. Im Sportstudio bessert sich durch die Bewegung das körperliche Befinden. So wird nicht nur mehr Leistung ermöglicht, es wächst zugleich auch die Freude an der Bewegung, weil die Energie ins Fließen gekommen ist. Dadurch, dass wieder mehr Energie mobilisiert ist, werden die Grenzen noch weiter hinausgeschoben. Nicht ein Ziel oder eine Norm sollen erreicht werden, vielmehr wird aus einem angenehmen Körpergefühl heraus die Leistung ganz ohne Druck erhöht.

Entwicklung und Erweiterung an sicheren Grenzen

Außergewöhnliche Situationen erfordern ungewöhnliche Anstrengungen. Wir merken, dass wir an unsere Grenze gekommen sind, doch wir wissen auch: Wenn wir jetzt nicht vollen Einsatz bringen und nicht über unsere Grenzen gehen, dann haben wir das Nachsehen. In dieser Situation liegt die Chance auf Veränderung, wenn wir nicht zurückweichen. Die Notwendigkeit, standzuhalten und die Herausforderung zu bestehen, mobilisiert alle vorhandene Energie, und diese Energie hat eine klare Ausrichtung, ohne Wenn und Aber. In einer solchen Situation haben wir den Mut, den wir zuvor nie für möglich gehalten hätten, unsere Wahrnehmung ist fokussiert auf die Herausforderung, unser Denken ist klar und auf die Lösung gerichtet. Alles Zaudern ist verflogen.

Wer eine solche Erfahrung gemacht hat, der weiß, dass Sorgen vor dem, was alles eintreten könnte, wenig Bezug zum tatsächlichen Leben haben. Wer sich Sorgen macht, der geht von dem kraftlosen energetischen und unklaren mentalen Zustand einer Person aus, die sich gerade Sorgen macht. In der konkreten Situation der Herausforderung sind wir jedoch andere, wir sind zentriert und fokussiert, wir denken klar, und vor allem sind wir energetisch kraftvoll. Wir sind gewachsen mit der Herausforderung und sind in der Lage, über unsere bisherigen Grenzen hinauszugehen.

HILDEGARD *ist Sekretärin bei einem Rechtsanwalt. An diesem Tag fordert eine eilige Terminsache den vollen Einsatz. Da kann und will sie nicht zur gewohnten Zeit nach Hause gehen. Sie macht Überstunden. Kurz nach 19 Uhr bringt die Frau des Chefs eine Stärkung. Doch um halb neun geht es nicht mehr. Hildegard merkt, ihre Kräfte lassen nach, sie kann sich nicht mehr konzentrieren. Wenn sie jetzt nicht aufhört, dann wird es ihr wahrscheinlich morgen schlecht gehen. Dann ist sie eindeutig über ihre Grenze gegangen. Sie sagt ihrem Chef, dass sie Feierabend machen muss, damit sie morgen um neun Uhr wieder leistungsfähig ist. Der Chef bedankt sich bei ihr für ihren vollen Einsatz. Wenn seine Frau zu Hause die Kinder zu Bett gebracht und sich um ihre Mutter gekümmert hat, wird sie ihm auch noch helfen. Irgendwie wird er das schon schaffen. Er wünscht Gute Nacht und dankt Hildegard noch einmal.*

Als der Chef ihr dankt, passiert etwas Merkwürdiges. Seine Anerkennung hat ihren energetischen Zustand plötzlich verändert. Sie hat wieder Kraft und fühlt sich stark genug, weiterzuarbeiten. Sie entschließt sich, zu bleiben. – Ihre Grenzen haben sich durch den Rückfluss an Energie spürbar ausgeweitet. Das ist ein gutes Empfinden, es bringt ihr Spaß, sich noch einmal für ein, zwei Stunden einzusetzen.

Um Missverständnissen vorzubeugen: An seine Grenzen zu gehen und sich dort zu begrenzen, das ist etwas ganz anderes, als den »goldenen Mittelweg« zu beschreiten! Wer stets nur den Mittelweg beschreitet, der in meinen Augen nicht golden, sondern nur verwaschen grau ist, der stößt gewöhnlich nicht einmal bis an seine Grenzen vor. Er hat sie vermutlich noch nie gespürt. Die Ideologie des goldenen Mittelwegs hält uns klein, sie schüchtert uns ein und macht uns zu braven Untergebenen, steuerbaren Konsumenten und kalkulierbarem Stimmvieh. Es geht nicht darum, sich zu begrenzen, damit alles beim Alten bleibt und in gewohnten Bahnen verläuft. Es geht darum, seine Grenzen zu erkennen und zu respektieren, um an diesen sicheren Grenzen zu wachsen. Erst sichere Grenzen ermöglichen Entwicklung ohne Rückschläge, Verluste und Resignation.

Was uns stärkt und unsere Grenzen erweitert

Wenn unser Revier und die Lage unserer Grenzen ein Spiegel unserer Energie sind und unseres Vermögens, Verantwortung zu tragen, dann führt jeder Zuwachs in unserem Kräftehaushalt zur Erweiterung unseres Reviers und unserer Grenzen. Es lohnt sich, darauf zu schauen, was uns alles stärken und unsere Grenze erweitern kann.

ERFOLG: Der Erfolg ist die Belohnung einer Tätigkeit durch ihr Ergebnis. Wir haben uns angestrengt und haben das Resultat unserer Bemühungen erzielt. Wir haben gesät, und nun ernten wir, und wir erhalten sogar noch mehr zurück, als wir eingesetzt haben. Erfolg ist ein Rückfluss der Energie, die uns nun stärkt und erneut zur Verfügung steht. Diese Energie will wieder fließen und kann noch mehr erreichen. Unser Tun belohnt sich selbst. Wir werden dadurch noch stärker und können dementsprechend unsere Grenzen noch mehr ausweiten und über das Bisherige hinauswachsen.

RESONANZ: Ein Erfolg kann sich auch mittelbar zeigen. Während Erfolg nicht unbedingt andere Menschen braucht, ist bei der Resonanz ein sozialer Faktor beteiligt. Jemand dankt uns, lobt uns, teilt uns seine Anerkennung mit, wir finden Wertschätzung. Das fühlt sich gut an, wenn wir bereit sind, es anzunehmen und gelten zu lassen. Diese Bestätigung durch andere stärkt uns, sodass wir uns noch mehr zutrauen, uns noch weiter vorwagen können.

HERAUSFORDERUNGEN: Jede Herausforderung, die uns das Leben stellt oder die wir selbst suchen, führt dazu, dass wir alle unsere Kräfte mobilisieren, um bestehen zu können. Wir unternehmen große Anstrengungen, erweitern unser Revier und wagen uns weiter vor, über unsere bisherige Grenze hinaus. Ohne Herausforderungen könnten wir uns nicht entwickeln. Nehmen wir die Herausforderung an, haben wir die Gelegenheit, daran zu wachsen und unsere Grenzen auszuweiten. Weichen wir zurück, dann ziehen sich auch unsere Grenzen enger zusammen. Fehlen Herausforderungen, können unsere Kräfte einschlafen, wir stagnieren, unser Revier schrumpft, wir können sogar das Gespür dafür verlieren, wie stark wir eigentlich sind, was wiederum nur dazu führt, dass wir schwächer werden und unsere Grenzen enger. – Doch diese Entwicklung lässt sich ebenso wieder umkehren, dadurch, dass man sich wieder an seine Grenze vorwagt und zwar Schritt für Schritt, damit es keinen Rückfall gibt.

Wenn die Grenzen näher rücken

Auch das erwartet uns: Wir werden älter und damit lassen mit der Zeit auch unsere Kräfte nach. Vielleicht leiden wir auch an einer fortschreitenden Krankheit und unser Aktionsradius wird schrittweise kleiner, ebenso unser Revier, das wir in guter Weise besetzen können. Und damit rücken auch unsere Grenzen näher an uns heran. Dann gilt es, sich auf das zu begrenzen, was uns noch möglich ist. Der Versuch, die alten Grenzen zu halten, würde den Prozess des Rückzugs sogar noch beschleunigen. Was uns früher möglich war, wäre dann Selbstüberforderung und würde zu Rückschlägen führen. Das würde uns noch mehr schwächen und den Prozess intensivieren. Doch auch ein übereiltes viel zu frühes Aufgeben von Terrain könnte den Abbau der Kräfte steigern.

In einer solchen Situation ist es wichtig, sich abzugrenzen gegenüber den Ansprüchen desjenigen, der wir gestern noch waren. Gestern hatten wir das doch noch bewältigt, und heute … – Viele Menschen resignieren in dieser Situation und machen sich das Leben schwer. Sie leiden dann an einem natürlichen Prozess, den auch sie nicht verhindern können. Wenn wir auch hier der Wahrnehmung des Körpers folgen, erspüren wir unsere Grenzen und erleiden, auch wenn wir äußerlich betrachtet Boden preisgeben, keinerlei Verlust. Dann bleiben wir, wo wir stets waren: in dem Bereich vor und an unserer Grenze, in dem Bereich, der uns entspricht, in dem wir am stärksten sind und in dem wir uns am wohlsten fühlen.

Der Anstoß, sich zu entwickeln, bleibt bestehen, vielleicht ist er sogar noch stärker zu spüren, wenn die Grenzen näher rücken und die äußere Entwicklung in die Welt hinein uns versagt ist. Dann erweitern wir unsere Grenzen in eine andere Richtung. Wir entwickeln unser Bewusstsein. Selbst wenn unsere Geisteskräfte nachlassen, bleibt uns immer noch eins: Annahme zu entwickeln, die Annahme von allem, was war, die Annahme unserer eigenen Begrenztheit und der Begrenztheit unseres Lebens.

Zentrierung: Der erste Schritt zur Abgrenzung

Zentriertheit bedeutet, sich selbst zu spüren, im Kontakt mit sich selbst zu sein, dort zu sein, wo man ist: in seinem Körper. Wer nicht zentriert ist, der ist woanders, überall und nirgends, nur nicht bei sich und in seiner eigenen Position. Im Extremfall ist er sogar energetisch bei der Person, von der er sich doch eigentlich abzugrenzen versucht! Es ist leicht einzusehen, dass solche Bemühungen dann vergeblich sind.

Ohne Zentrierung und Selbstwahrnehmung ist Abgrenzung nicht möglich. Oft liegt hier die Ursache dafür, dass Abgrenzungsmethoden gar nicht greifen können. Der erste Schritt zur Abgrenzung ist deshalb die Zentrierung. Mehr noch: Zentrierung ist der erste Schritt, Ordnung und Klarheit in das eigene Leben zu bringen. Allein schon dadurch verändert sich häufig bereits der Umgang mit uns selbst, der Kontakt zu anderen und das Verhältnis zur Welt. Wo bin ich? Wo höre ich auf? Wie stark bin ich? Was kann ich bewältigen? Wie weit kann ich Einfluss nehmen? Bis wohin kann ich Verantwortung tragen? – Wo bist du? Und wie weit gehst du? Wie nah lasse ich dich heran?

Ganz konkret bedeutet das: Bei allem, was Sie unternehmen, fangen Sie nicht mehr bei Schritt 3 oder 18 oder 389 an, sondern tatsächlich bei Schritt Nummer eins – der Zentrierung. Von dort aus kann es ohne zu stolpern Schritt für Schritt weitergehen. Sie bringen sich also nicht mehr zu Fall, weil Sie sich selbst nicht mehr überholen wollen.

Im Kontakt mit dem Körper – im Kontakt mit sich

Wer bei sich ist, spürt sich. Wir nehmen nicht nur das Störende an unserem Körper wahr, sondern unseren ganzen Körper. Wir können es genießen, auf der Welt zu sein, zu leben, zu atmen, uns zu bewegen, den Fluss der Energie in uns zu spüren. Dieser Zustand des Bei-sich-Seins ist gewöhnlich verbunden mit Freude. Jedes Signal einer Veränderung können wir spüren und damit auch erkennen, ob wir unsere Grenzen überschreiten oder ob wir zu weit hinter unseren Möglichkeiten zurückbleiben.

Wer zentriert ist, hat den Vorteil, die Welt aus seiner eigenen Perspektive wahrzunehmen. Wir sind in der Lage, unsere eigene Position im Leben auszufüllen. Das ermöglicht uns, unsere Interessen wahrzunehmen, für uns zu sorgen und für das einzutreten, was uns am Herzen liegt. Wer nicht bei sich ist, schwächt sich energetisch. Er zerstreut seine Aufmerksamkeit und verliert damit seine Energie. Das Ergebnis: Ein Mensch, der offen für alles ist, der sich hin und her reißen lässt von äußeren Reizen, Ablenkungen und Verführungen, im Extremfall ist er dadurch sogar fremdgesteuert.

WIE IST ES BEI IHNEN?

REFLEXION ZUM AUGENBLICKLICHEN ZUSTAND DER ZENTRIERTHEIT

Was nehmen Sie gerade alles wahr? Begrenzen Sie bewusst die Zeit auf einen »Augenblick«.

Auf welche Sinneskanäle sind diese Wahrnehmungen bezogen?

- Sehen
- Hören
- Spüren
- Riechen
- Schmecken
- Nehmen Sie sich Zeit, die Sinneseindrücke bewusst zu bemerken.

Unterscheiden Sie die Außenwahrnehmung von der Innenwahrnehmung:

- Was nehmen Sie wahr, das außerhalb von Ihnen selbst ist?
- Was nehmen Sie in sich selbst wahr?

Was Sie alles in sich wahrnehmen können

- Ihre Gedanken: Was Sie denken und wie Sie denken
- Ihre Gefühle, Stimmungen und Launen: zum Beispiel Freude, Ärger, Trauer, Spaß, Liebe, Zuneigung …
- Ihre Körperempfindungen: Wärme, Atmung, Pulsieren, Kraft, Impulse, Bedürfnisse wie zum Beispiel Durst, Spannung und Entspannung, Leichtigkeit oder Schwere, Müdigkeit oder Wachheit, Hunger oder Sattheit, Energie und Energielosigkeit … und alle Grade dazwischen.

Auf diese Weise kommunizieren Sie mit sich selbst und sind in der Lage, für sich, Ihr Überleben und Wohlergehen zu sorgen.
Nachdem Sie gelesen haben, was Sie in sich alles wahrnehmen können, registrieren Sie noch einmal bewusst, was Sie jetzt alles in sich bemerken.

Zu sich kommen:
Die Wahrnehmung von Außenreizen reduzieren

Es hat sich gezeigt, dass ein Mensch zwischen fünf und neun Reize gleichzeitig wahrnehmen kann. Die Formulierung lautet 7 plus/minus 2. Wie verteilen sich bei Ihnen die wahrgenommenen Reize? Wie viele Reize nehmen Sie gerade außerhalb Ihrer selbst wahr? – Zum Beispiel das Schnaufen Ihres Hundes, das vorbeifahrende Auto, die Regentropfen, die ans Fenster fallen, die Radiomusik aus der Nachbarwohnung, die Bilder an der Wand …

Und wie viele Reize nehmen Sie an sich selbst wahr? Zum Beispiel Ihre Aufmerksamkeit, die nun ganz nach innen gerichtet ist, die Wärme in Ihrem Bauch, den Halt, den Sie im Rücken durch die Lehne Ihres Sessels spüren, die Entspannung, die sich in Ihnen ausgebreitet hat, die leichte Beengung beim Atmen durch

Ihre Sitzhaltung, den Impuls, sich zu recken und zu strecken und sich aufrecht hinzusetzen …

Je mehr Reize Sie außen wahrnehmen, desto weniger sind Sie bei sich. Erst wenn Sie drei bis vier Innenreize wahrnehmen, erleben Sie sich als zentriert. Ich nehme zum Beispiel gewöhnlich meine Füße und Beine wahr, meinen Bauch, meinen Atem und natürlich auch meine Gedanken. Da bleiben mir noch genügend Reize, die ich draußen wahrnehme und mit denen ich mich in der Welt und sozial gut orientieren kann. Für kurze Zeit kann ich auch mal fast alle Aufmerksamkeit auf einen Punkt außerhalb von mir, zum Beispiel auf eine Aufgabe, lenken, doch immer wieder komme ich zurück zu mir selbst. Dadurch verliere ich mich nicht. Dadurch kann ich zum Beispiel rechtzeitig merken, ob ich mich zu sehr anstrenge, und für mehr Leichtigkeit sorgen.

Die Auswirkungen sind erstaunlich. Die Außenwelt tritt zurück. Sie wird ruhiger für Sie, und Sie sind weniger von den Reizen da draußen abgelenkt. Wer sich selbst wahrnimmt, verliert darüber hinaus auch weniger Energie, denn die Energie folgt der Aufmerksamkeit. Durch diese Regie über Ihre eigene Wahrnehmung erleben Sie sich selbst als ruhiger und kraftvoller. Auf andere wirken Sie präsenter und stärker. – Sie finden im Folgenden viele konkrete Methoden, mit denen Sie Ihre Selbstwahrnehmung und Zentrierung stärken können.

Vorsicht Falle: Die Wahrnehmung des Störenden

Mancher Leser wird einwenden: Aber ich nehme doch meinen Körper ständig wahr, die Schmerzen im Rücken, die leidige Schwere und meine Kurzatmigkeit … In der Wahrnehmung hat üblicherweise alles, was stört, Vorrang. Das hat zum Beispiel den Vorteil, dass man Schmerzen nicht übergeht, dass man sich um eine Verletzung kümmert, dass man für sich sorgt, um seine Befindlichkeit zu verbessern. Leider ist damit häufig auch ein einseitiges Bild vom Körper verbunden. Man nimmt dann nur noch den störenden Schmerz wahr, nicht jedoch das, was alles gesund ist. Mancher Kranke fällt darauf rein und verhindert so die Besserung seines Zustandes, weil er doch nur wieder den Schmerz als störenden Reiz wahrnimmt und nicht bemerkt, was sich alles schon gebessert hat.

Es geht mir nicht darum, das Negative auszublenden, sondern die Wahrnehmung wieder ins Gleichgewicht zu bringen. Anstatt sich zum Beispiel in der Wahrnehmung von störenden und nicht beeinflussbaren Reizen zu verbeißen, wäre es sinnvoll, die eigene Wahrnehmung zu relativieren. Wer unter der Wahrnehmung des schmerzenden linken Fußes leidet, kann sich gleichzeitig auf die Wahrnehmung des gesunden Fußes konzentrieren. Für die Zentrierung heißt es, unsere Selbstwahrnehmung auf gesunde Körperbereiche zu richten. Dass damit häufig eine Schmerzreduktion einhergeht, ist ein erfreulicher Nebeneffekt. Wir nehmen uns selbst als gesünder und kräftiger wahr und fühlen uns entsprechend besser.

ZENTRIERUNGSMETHODEN

Klopfen

Eine gute Hilfe zur Zentrierung ist, sich leicht zu klopfen, in einer Weise, die Ihnen angenehm ist, zum Beispiel sanft wie Regentropfen. Fangen Sie auf dem Kopf an und wandern Sie ganz langsam mit Ihren Händen immer tiefer, bis Sie schließlich bei den Füßen landen. Dort endet das Klopfen. Spüren Sie nach, wie Sie sich dann fühlen. Achten Sie darauf, dass Sie dabei gut in Ihren Körper kommen. Da Sie am Kopf anfangen und bei den Füßen enden, haben Sie dabei zugleich Ihre Wahrnehmung von oben mehr und mehr nach unten verlagert.

Mentales Klopfen

Wenn Ihnen diese kleine Übung gefällt und es Ihnen dadurch gelingt, Ihren Körper mehr zu spüren, dann klopfen Sie doch einmal mental – nur in Ihrer Vorstellung. Niemand sieht das. Und noch einen weiteren Vorteil bietet das mentale Klopfen: Endlich erreichen Sie auch Körperzonen, an die Sie sonst nicht allein hinkommen, zum Beispiel auch zwischen den Schulterblättern. Manchen Menschen gefällt es auch, sich von innen zu klopfen.

Sanfte Massage

Das Klopfen können Sie auch ersetzen durch ein sanftes Massieren. Wieder fangen Sie am Kopf an und beenden die Massage bei den Füßen. Dasselbe können Sie danach auch wieder mental machen. Sie können sich dann nicht nur selbst zwischen den Schulterblättern massieren, sondern auch von innen. Auf diese Weise bauen Sie nicht nur Verspannungen ab, Sie lernen mehr und mehr, Ihren Körper zu spüren, sodass es Ihnen zu einer angenehmen Angewohnheit wird.

Tönen

Eine Variante zum Klopfen oder dem Massieren ist das Tönen. Singen oder summen Sie einen Ton und spüren Sie dabei die feinen Vibrationen, die der Klang in Ihrem Körper hervorruft. Vielleicht nehmen Sie dabei auch wahr, dass Sie mehr und mehr zu sich selbst kommen. – Nicht auszudenken: Sie möchten im Großraumbüro zu sich kommen und tönen! Doch auch das geht. Denn man kann ebenso lautlos tönen. Wenn es hörbar geklappt hat, dann lassen Sie einfach den Ton weg und erleben dennoch die Vibrationen in Ihrem Körper, die Sie in Kontakt zu sich bringen.

Die Wärme im Zentrum spüren

Diese Methode ist sehr einfach und äußerst wirksam. Wenn es kalt ist, wende ich sie ganz besonders gern an. Legen Sie Ihre Hände einmal auf Ihren Bauch und nehmen Sie wahr, was dann passiert. Diese Methode ist so einfach, dass es eigentlich keinen Grund gibt, das Lesen nicht kurz zu unterbrechen und das Experiment auszuführen.

Gewöhnlich werden Ihr Bauch und Ihre Hände, die auf ihm ruhen, warm. Die dort befindlichen Energiezentren geraten in Resonanz zueinander und steigern sich offensichtlich gegenseitig bei der Entwicklung von Energie, die als Wärme wahrnehmbar wird. Die Ausrichtung Ihrer Wahrnehmung dürfte mit der Zeit weitere Wirkungen zeigen, zum Beispiel wird gewöhnlich der Atem tiefer und ruhiger, Anspannung lässt nach. Die Welt da draußen tritt zurück, und Sie sind mehr bei sich.

Einen Nachteil hat diese Methode, sie kann nicht so leicht im beruflichen Kontext angewendet werden, es sei denn, man machte eine Pause. Bei Frauen im gebärfähigen Alter entsteht zuweilen der Eindruck, sie wären guter Hoffnung. Geschickter ist deshalb die mentale Version: Sie stellen sich vor, Ihre Hände lägen auf dem Bauch. Wenn Sie die Methode mit den realen Händen schon einmal ausprobiert hatten, gelingt es Ihnen leicht.

VORSICHT: Als ungeduldiger Leser, der sich so rasch wie möglich abgrenzen möchte, könnten Sie eventuell die Zentrierung mit der Abgrenzung selbst verwechseln. Wer zentriert ist, der kann dabei durchaus ganz offen sein, er ist nur mehr bei sich und kraftvoller. Im Zustand der Zentrierung kann er sich eine erwünschte Offenheit vielleicht auch erst leisten.

Es ist vorteilhaft, unterschiedliche Zustände im Kontakt zur Welt bewusst und differenziert einnehmen zu können. Stellen Sie sich beim Zentrieren also nicht gleich vor, Sie wären damit auch schon abgegrenzt. Es ist manchmal passend, ganz offen und zugleich kraftvoll und bei sich zu sein.

Was uns alles daran hindern kann, uns zu zentrieren

Im Verlauf des Buches werden die Hindernisse, die bei der Abgrenzung auftauchen können, ausführlich dargestellt. Doch schon bei der Erfüllung der Vorbedingungen für die Abgrenzung können sich Widerstände bemerkbar machen. Die folgenden Punkte stellen Umstände dar, die es manchem Leser bereits schwer machen können, sich zu zentrieren.

DIE EIGENE BEDÜRFTIGKEIT: Wer sich selbst spürt, der nimmt mit seinem Körper auch seine Bedürfnisse und darüber hinaus vielleicht seine Bedürftigkeit wahr. Und das kann mit Schmerz verbunden sein. Es fällt dann leichter, für andere zu sorgen als für sich selbst. Die Sorge für andere kann sogar zu einem Ausweg werden, der uns davor bewahrt, unsere eigene Bedürftigkeit zu spüren. Oft ist dieses Übergehen der Wahrnehmung des eigenen Körpers verbunden mit einer Idealisierung von Bedürfnislosigkeit, des Verzichts und der Fürsorge für andere. In diesem Fall sind wir auch kaum in der Lage, uns gegen Bedürfnisse anderer und fremdes Leid abzugrenzen.

Diesen eigenen Schmerz zu spüren kann uns niemand ersparen. Erst dadurch, dass wir ihn erkennen, kann der Bann über den Körper gelöst werden. Sonst bleibt das ganze eigene Leben unterschwellig von diesem Schmerz bestimmt, den wir vergeblich zu vermeiden versucht haben. Es braucht Mut, sich der eigenen Bedürftigkeit zu stellen. Anzuraten ist, sich dieser Herausforderung nicht allein auszusetzen, sondern unter kompetenter Begleitung. – Und das wäre bereits ein erster Schritt, eigene Bedürfnisse anzumelden.

ABLEHNUNG DES EIGENEN KÖRPERS: Man hat einen Makel an seinem Körper entdeckt, vielleicht eine Abweichung vom Bild der Ebenmäßigkeit, eine Behinderung oder Missbildung, sodass die freundliche Hinwendung und Zentrierung im Körper erschwert ist. Manchmal ist der Makel für andere nicht erkennbar, die Ablehnung nicht nachvollziehbar. Um die Annahme des eigenen Körpers kommt niemand von uns herum, sonst ist es selbst mit einer Schönheitsoperation nicht getan. Statt eines Schönheitschirurgen sollte man in dem Fall besser einen Psychotherapeuten konsultieren.

DER KÖRPER ALS TABUZONE: Für manche Menschen geht es nicht einmal um das Verfehlen eines Schönheitsideals, sondern allein schon um die Annahme der Körperlichkeit an sich. Der Körper kann sogar einem strikten Wahrnehmungsverbot unterworfen sein. Sie dürfen gar keinen Körper haben. Vielleicht haben Sie auch irgendwann beschlossen, Ihren Körper nicht mehr zu spüren. Die Ursachen dafür können zum Beispiel im Umgang der

Eltern mit der kindlichen Sexualität oder in sexuellem Missbrauch zu finden sein.

TRAUMA: Traumatische Erlebnisse, die mit Schmerz, Gewalt und Übergriffen verbunden waren, führen gewöhnlich zu einer Abspaltung des Körpers. Die Barriere in der Selbstwahrnehmung dient dem Schutz vor der erneuten Begegnung mit der Verletzung. In solchen Fällen sollte man nicht zögern, einen Trauma-Therapeuten aufzusuchen.

Mit mir selbst im Einklang: Kopf, Herz und Bauch in Balance

Wir leben in einer patriarchalen Kultur, die von einem Gegensatz von Geist und Körper geprägt ist. Das Gleichgewicht zwischen unserem Denken, dem Gefühl und der Körperlichkeit ist gestört. Einseitig werden in unserem Bildungssystem unsere intellektuellen Fähigkeiten gefördert. Während dem Denken ein hoher Wert eingeräumt wird, werden Gefühle und Körper abgewertet und können sich nicht entfalten. So kommt es, dass bei vielen Menschen das Denken geradezu ausufert.

Nicht nur, dass unser Kopf uns nur begrenzt helfen kann beim Setzen unserer Grenzen, wir müssen auch Sorge tragen, dass er selbst nicht den Kontakt zu uns und unseren Grenzen verliert und mit unseren (?) Gedanken »durchgeht«. Das Denken zu zügeln und im Zaum zu halten, das sind jedoch zugleich Tätigkeiten dieses Kopfes, der doch selbst gelenkt werden muss. – Eine Aufgabe, die dem Kunststück des Barons von Münchhausen gleichkommt, der sich bekanntlich am eigenen Schopf aus dem Sumpf gezogen hat!

Wenn das Denken ausufert

»Der Geist weht, wo er will«, heißt es in der Bibel. Der Geist und das Denken kennen keine Grenzen. Das ist gut so, denn sonst wären wir beschränkt. Wir würden immer nur dasselbe denken und könnten uns nicht entwickeln. Es ist Aufgabe des Denkens, über den Ist-Zustand hinauszugehen. Denkend sind wir in der Lage, mögliche Entwicklungen gedanklich vorwegzunehmen, wir können mental durchspielen, was unter welchen Bedingungen eintreten könnte. Unser Denken kann Alternativen konstruieren und ein vorgestelltes Probehandeln inszenieren. Das ist einfacher, als wenn wir alles in der Realität durchleben und den Preis dafür zahlen müssten.

Manchmal verselbstständigt sich jedoch der Kopf dabei. Dann besteht die Gefahr, dass unser Denken sich löst von den Fakten und Daten, von unseren Absichten und Zielen. Es entfernt sich dann allzu leicht von unserer Lebenspraxis und verliert seinen Bezug zum Handeln. Die Gedanken können oft nicht mehr umgesetzt werden und bleiben Theorie. Ein solches Denken nützt uns nicht nur nicht, sondern es kann uns selbst zur Last werden, wenn es zum Beispiel Probleme erfindet, Sorgen heraufbeschwört, wo keine sein müssten, und uns von unseren Aufgaben abhält, die vor uns liegen. Dann beschäftigen wir uns mit den fernsten Dingen und sind unbedacht bei den naheliegenden. Das Denken muss also selbst manchmal gelenkt werden, damit es sich nicht zum Herrscher aufschwingt, wo es doch nützlicher Diener sein sollte.

Bewusst denken oder die Gewohnheit denken lassen?

Es geht nicht darum, sich Denkverbote zu erteilen, sondern das Denken bewusst einzusetzen. Sie denken immer. Denn das Gehirn kann nichts anderes als denken, und es steht Ihnen mit seinem Potenzial immer zur Verfügung. Geben Sie Ihrem Denken daher konkrete Aufträge, Ziele oder Richtungen und achten Sie bewusst auf Ihr Denken.

Wer denkt eigentlich, wenn wir denken? Denken wir selbst bewusst und willentlich? Oder denkt es in unserem Gehirn irgendwie von selbst? Wessen Gedanken sind das eigentlich? Denken wir unsere Gedanken? Oder denken unsere Gedanken uns? Wer ist eigentlich Herr über unser Gehirn und über unsere Gedanken? Um Bewusstheit für unser Denken zu entwickeln, brauchen wir zunächst einmal Abstand zu unserem Denken, um es gewissermaßen von außen zu betrachten.

BEWUSSTHEIT FÜR DEN EIGENEN DENKPROZESS

Eine einfache Übung: Wenn Sie gerade auf einem Stuhl sitzen und denken, dann stehen Sie doch einmal auf, treten Sie zur Seite, schauen Sie sich gewissermaßen selbst beim Denken zu und stellen Sie sich folgende Fragen:

- Was denke ich gerade?
- Wie denke ich gerade?
- Will ich das überhaupt denken?

Durch die ungewohnte Aufmerksamkeit kann es zu Beginn passieren, dass die Gedanken auf einmal scheinbar zum Stillstand kommen. Doch einen kleinen Moment Geduld, und sie sind wieder da.

Durch die Aufmerksamkeit auf Ihr eigenes Denken finden Sie heraus, ob sich das Denken verliert, ob es Ihnen Erkenntnisse schenkt und zu einem Ergebnis führt. Sie können sich Ihre Gedanken auch grafisch vorstellen und herausfinden, ob sie sich diffus ins Weite verlieren, ob sie sich immer nur wiederholen, ob sich Ihr Denken nur im Kreise dreht, und ob die Kreise immer enger werden …

Zunächst hilft es Ihnen, zur Seite zu treten und sich diese Fragen zu stellen. Später verlassen Sie den Platz nicht einmal mehr, wenn Sie sich bewusst machen, was und wie Sie gerade denken. Sie schauen sich aus Routine ab und zu beim Denken zu. Auf diese Weise bleiben Sie im Kontakt mit Ihrem Denken und lernen, bewusst zu denken. So vermeiden Sie auch, Opfer des größten Feindes des freien Denkens zu werden: nämlich Ihrer alten Denkgewohnheiten.

Das Denken relativieren durch bewusste Wahrnehmung

Eine Gefahr des uferlosen Denkens besteht darin, sich vom Faktischen zu lösen. Dann denken wir, anstatt die Dinge und Fakten, um die es geht, überhaupt noch wahrzunehmen. Genaues Wahrnehmen erspart oft langes Theoretisieren. Wahrnehmen ist zugleich eine Vorstufe des Verstehens und der Annahme. Ganz anders das abgelöste Denken, das oft von einem »Müsste«, »Sollte« und »Eigentlich« ausgeht, von Theorien, wie die Welt, wir selbst oder »die anderen« zu sein hätten. Dann verstricken wir uns denkend in endlose Konflikte und erschaffen uns die Probleme selbst. Das geht übrigens ganz einfach. Denn ein Problem ist nichts anderes als der Widerspruch zwischen einem (gedachten) Sollzustand und dem Ist-Zustand. Es macht Sinn, die Zahl der Probleme, die man wälzt, in Grenzen zu halten, damit man sie lösen oder – wenn das nicht geht – mit ihnen leben kann.

DIE GANZE FAMILIE *machte sich Sorgen um Matthias. Wenn es mit ihm in der Schule so weiterging, war mit seinem Abitur kaum noch zu rechnen. Ihm schien das gleich zu sein, er wollte sowieso lieber ins Kfz-Handwerk. Die Eltern sprachen unablässig von einem großen Problem und sogar schon von seinem Scheitern, das ihm auf seinem Lebensweg bevorstünde. Corinna, seine Schwester, redete ähnlich auf ihn ein, obwohl sie in ihrem Studium auch nicht gerade glücklich war. Erst als ihr neuer Freund sich darüber wunderte, wurde ihr klar, dass die Sorgen, die sie sich um ihren Bruder machte, eigentlich einem Übergriff gleichkamen. Es war die Angelegenheit ihres Bruders, und sogar die Sorgen stammten nicht einmal von ihr selbst, sondern von ihren Eltern. Und das Problem war eigentlich gar keins. Die Eltern gingen von einem Sollzustand aus, dass man als Sprössling dieser Familie das Abitur zu machen habe. Genau genommen gab es das Problem, das sie sahen, also von sich aus gar nicht, es war selbstgemacht. Es ging doch eigentlich nur darum, dass Matthias* *seinen Weg ging und glücklich wurde. Und dass er im Studium glücklich werden könnte, das konnte Corinna aus eigener Anschauung und Kenntnis seiner Person ausschließen.*

DER ABSTREIFER: DAS LASS ICH DRAUSSEN

In diesen Zusammenhang passt auch die Methode des »Abstreifers«: Was möchten Sie, wenn Sie zum Beispiel vom Einkauf oder von der Arbeit kommen, mit in Ihr privates Zuhause nehmen? Und was möchten Sie lieber draußen lassen? Die Vorstellung vom Abstreifer oder der Fußmatte am Eingang, mit denen man sich vom Straßenstaub befreit, können Sie erweitern durch eine Eingangstür mit rundum laufenden Bürsten. Vielleicht handelt es sich sogar um rotierende Bürsten, so wie man sie von Autowaschanlagen kennt. Die Bürsten befreien Sie von allem, was nicht zu Ihnen gehört. Gerade beim Übergang vom Arbeitsalltag zum Feierabend kann diese Vorstellung die Abgrenzung erleichtern. Wann immer Sie in Zukunft eine Fußmatte sehen, können Sie sie mit dieser Funktion verbinden.

GEHÖRT DAS ZU MIR?

Manchmal kann man die Aufgabe, sein Denken, sein Fühlen und seine Befindlichkeit nicht ausufern zu lassen, auch reduzieren – durch ganz einfache Fragen:

- Sind das überhaupt meine Gedanken?
- Sind das meine Gefühle?
- Ist das meine Befindlichkeit?

Denn es kann sein, dass es sich gar nicht um Ihre eigenen Gedanken, Gefühle und Befindlichkeiten handelt. Wie oft kommt es vor, dass man sich anstecken lässt. Je sensibler Sie sind, desto offener können Sie für die Gedanken, Gefühle und Befindlichkeiten der Menschen Ihrer Umgebung sein. Da steigt man am Morgen ahnungslos in die U-Bahn und fühlt sich plötzlich so lustlos, wenn man an die Arbeit denkt, obwohl man sich eben noch darauf gefreut hatte …

Das Denken relativieren durch das Fühlen und die Befindlichkeit

Eine weitere Gefahr des Denkens besteht darin, sich damit über Gefühle und Befindlichkeiten hinwegzusetzen. Das Denken wird dann immer abstrakter und spekulativer. Durch die Einseitigkeit und Selbstherrlichkeit des Denkens erleiden wir so einen Wirklichkeitsverlust. Und nicht nur das, wir verlieren auch den Bezug des Denkens zu unserer eigenen Person, ihrer Situation und ihren Grenzen. Während das Denken in unserer Zeit und unserer Zivilisation in der Regel gehegt und gefördert wird und hoch angesehen ist, kommen unsere anderen Zugänge zur Wirklichkeit viel zu kurz: die Gefühle und die körperliche Befindlichkeit. Sie werden an den Rand gedrückt. Manchmal wird die körperliche Befindlichkeit sogar ganz unterdrückt und abgewertet. Sie führt dann nur noch ein Schattendasein, oft im Untergrund, in Form von Schmerzsymptomen und Missempfindungen. Und dann wollen wir verständlicherweise unseren Körper noch weniger wahrnehmen …

Wenn die Gefühle wegschwimmen

Gefühle werden häufig als quasi überflüssiger Dekor betrachtet, der das Leben – und vor allem das Leben von Frauen – ein wenig bunter macht und manchmal leider auch viel komplizierter. Dass Gefühle wichtige Sensoren für unsere soziale und seelische Situation darstellen, wird dabei ganz übersehen. Gefühle sind es, die uns Bedürfnisse, Defizite, Misserfolge oder Erfolge auf diesem Gebiet signalisieren. Sie bestätigen und belohnen uns zum Beispiel mit Liebe und Glück oder Gefühlen der Geborgenheit und des Rückhalts, wenn wir auf dem besten Wege sind, oder sie plagen uns und machen auf sich aufmerksam, wenn wir zu wenig verbunden sind, wenn unsere Beziehungen nicht tragen, wenn wir zu kurz kommen oder in unseren sozialen Netzen beengt und verstrickt sind.

Wer kennt sie nicht, diese Geschichten von Männern und Frauen, die sonst ein ganz und gar vernünftiges Leben geführt haben, doch plötzlich übernehmen die Gefühle die Regie, und vorbei ist es mit allem Bedacht. Da verlassen brave Männer Frau und Kinder, gefährden Haus und Hof, um mit einer Gelegenheitsprostituierten, die rührend ihre eigene Familie mit Geld versorgt, den Rest ihres Lebens oder zumindest den Rest ihres Vermögens zu verbringen. Und selbstständige Geschäftsfrauen, die mit viel Arbeit, Ehrgeiz und Kalkül für ein gesichertes Alter vorgesorgt haben, setzen plötzlich alles aufs Spiel und überschreiben einem jüngeren Mann, der sich ihrer im Urlaub angenommen hatte, ihr ganzes Hab und Gut, Bürgschaft für Bürgschaft …

Gerade weil die Gefühle so lange übergangen wurden, kommt es zu derartigen Katastrophen. Denn je mehr etwas unterdrückt wurde, desto weniger bewusst können wir damit umgehen. Kopf und Herz sind so sehr in Grabenkämpfe verstrickt, dass sie nicht mehr in der Lage sind, konstruktiv zusammenzuarbeiten. Während der Kopf die pure Vernunft hat walten lassen, herrscht nun die reine Unvernunft, wenn das Herz die Macht an sich gerissen hat. Hatte das Denken die Gefühle ausgegrenzt, so werden die Gefühle jetzt grenzenlos und leider auch grenzenlos unbedacht. Erst wenn wir in beständigem und achtungsvollem Kontakt mit unseren Gefühlen leben, haben wir die Möglichkeit, sie unverstellt wahrzunehmen und zu verstehen, was sie uns vermitteln, ohne uns von ihnen (und in der Folge von anderen Menschen) manipulieren und beherrschen zu lassen.

Häufig übergangen: das Empfinden

Noch mehr übersehen und oft völlig verkannt ist das körperliche Empfinden. Die Wahrnehmung unseres Körpers signalisiert uns unsere Bedürfnisse. Sie gibt uns auch Resonanz auf unseren Umgang mit uns selbst. Wie steuere ich mein Lebensschiff? Ist alles in Einklang? Wie stehe ich zu mir? Gibt es Gefahren? Wo lauern Untiefen? Was kommt auf mich zu? Wofür sollte ich mich wappnen? Oder befinde ich mich in sicheren Gewässern?

Ein wichtiger Aspekt der Beachtung unseres körperlichen Befindens ist die Tatsache, dass entwicklungsgeschichtlich gesehen ältere Bereiche unseres Gehirns, viel älter als die, mit denen wir denken und theoretisieren, sich uns gegenüber nur mit Empfindungen und Körpersignalen verständlich machen können. Ohne diesen Teil unserer Intelligenz ginge uns das Gefühl für Stimmigkeit und Sicherheit, für Gefahren und Gelegenheiten verloren. Es ist die Intuition, die aus dem Bauch spricht, der gute Riecher für Gelegenheiten, Erfolge oder Risiken. Es ist immer wieder der Körper, der uns auf unsere Begrenztheit hinweist. Sanft spricht er zu uns, wenn wir bereit sind, die Signale zu erkennen, und sie berücksichtigen, schmerzhaft und peinigend mit wiederkehrenden Symptomen, wenn wir sie übergangen haben.

Wenn wir die Körperempfindungen als Sprache für unseren inneren Dialog zur Meisterung unseres Lebens verstehen, dann besteht auch nicht mehr die Gefahr, dass wir uns von Schmerzen oder Missempfindungen beherrschen lassen. Durch die Verbindung zwischen dem Denken, unseren Gefühlen und unserer körperlichen Befindlichkeit, die uns immer wieder erdet, hat sich der innere Raum in uns selbst geweitet. Der Drang, sich nach außen zu verströmen, über seine Grenzen zu gehen, wird nachlassen. Und wenn wir denkend darüber hinausgehen, wissen wir immer noch, wo unser Revier ist und wo wir sicheren Boden unter den Füßen haben, denn der Körper ankert uns und gibt uns Halt.

SO GEHT ES

KOPF – HERZ – BAUCH: WIE SIE IHRE GANZE BANDBREITE NUTZEN

Nehmen Sie sich ein kleines Thema, das zum Üben geeignet ist: vielleicht die Frage, wie Sie Ihren heutigen Abend gestalten sollten. Später können Sie diese einfache Methode auch bei wichtigeren Themen anwenden.

Fragen Sie zunächst, was Ihr Kopf zur Gestaltung des Abends zu sagen hat, welche Vorschläge er Ihnen unterbreitet. Nehmen Sie sich ein wenig Zeit dafür. Dann fragen Sie Ihr Herz, welche Wünsche es hat. Vielleicht möchte es Freunde anrufen, und möchte sich mit ihnen verabreden. Für die Beach-

tung des Beitrags Ihrer Gefühle räumen Sie sich ebenfalls genügend Zeit ein. Anschließend fragen Sie Ihren Körper – vereinfacht den »Bauch« –, was ihm guttut. Dafür müssen Sie sich zunächst sogar noch mehr Zeit nehmen. Der Bauch ist langsam und nicht so beredt. Vielleicht hilft es, wenn Sie ihm zunächst unterschiedliche konkrete Vorschläge unterbreiten. Die Antworten können aus einer körperlichen Resonanz bestehen. Er wird Ihnen mitteilen, wie es ihm bei den unterschiedlichen Möglichkeiten geht.
Damit Ihnen der Dialog besser gelingt, können Sie, wenn Sie Ihre Gefühle ansprechen, Ihre Hände auf das Herz legen. Und wenn Sie Ihren Körper zu Wort kommen lassen, legen Sie Ihre Hände auf den Bauch. – Den Kontakt zum Kopf brauchen Sie gewöhnlich nicht zu unterstützen.

Im Kontakt bleiben mit Kopf, Herz und Bauch

Als Einziger in dem Konzert von Kopf, Herz und Bauch kann der Körper die Verbindung zu unseren Grenzen nicht verlieren. Wenn alle drei Faktoren auf jeweils ihre eigene Art zusammenwirken, werden wir uns nicht überfordern, wir sind geerdet, unser Denken verliert dann nicht den Kontakt zu unserer Lebenssituation, es ist fest verankert und trotzdem frei. Und unsere Gefühle werden nicht länger eingeengt.

Wenn Sie sich Ihr Denken, Ihr Fühlen und Ihre körperlichen Empfindungen bewusst machen, dann verfügen Sie über diese drei unterschiedlichen und sich ergänzenden Zugänge zu sich und zur Welt.

Hier ist Stopp: Die verschiedenen Ebenen der Abgrenzung

Abgrenzung kann auf unterschiedlichen Ebenen stattfinden: Wir können uns zum Beispiel mental abgrenzen und unser rationales Denken dafür einsetzen. Wir reflektieren dann unsere Situation, fragen uns, was zu uns gehört und was nicht oder was uns betrifft. Wir kalkulieren, wie viel wir leisten können, ohne unsere Grenzen zu verletzen und auch nicht hinter unseren Möglichkeiten zurückzubleiben. Wir bedenken, wie viel Nähe zu einer Person uns auf Dauer guttut oder wie viel Kontakt wir dem anderen zumuten können. Wir denken auch darüber nach, wie wir unsere Grenzen am besten wahren und unser Revier erweitern können.

Die kommunikative Abgrenzung umfasst den Einsatz aller Signale, die wir anderen geben können. Wir können die Grenzen anderen gegenüber verbal ansprechen und das auf unterschiedliche Weise. Wir können auch mit uns selbst kommunizieren und uns zum Beispiel Mut dazu machen, bereits im Vorfeld auf unsere Grenzen hinzuweisen. Wir können unsere Körperhaltung, unsere Gesten und unsere Mimik sprechen lassen, sodass unser Gegenüber versteht: »Hier ist die Grenze. Und wenn ich weitergehe, dann riskiere ich einen Konflikt.« Gewöhnlich nutzen wir alle diese Möglichkeiten gleichzeitig.

Energetische Abgrenzung findet statt auf der Ebene der Aura und der Chakren. Gewöhnlich schließen sich die Energiezentren, wenn uns etwas nicht guttut, sie öffnen sich, wenn wir sicher in unserem Revier sind oder wenn wir uns anderen gegenüber öffnen können. Die Aura verdichtet sich, wenn wir unsere Grenzen schützen müssen, und sie kann sich weiten, wenn wir Harmonie genießen und die Außenreize der Umgebung zu unserem Wohlbefinden beitragen. Auch wenn die energetische Ebene von anderen selten bewusst wahrgenommen wird, hat sie eine Wirkung auf sie. Auch mit unserer energetischen Ausstrahlung können wir spürbar und deutlich signalisieren: Bis hierher und nicht weiter!

Gewöhnlich werden alle Ebenen zugleich eingesetzt, wenn wir uns abgrenzen. Durch seine Wesensart und Lebensgeschichte kann es jedoch dazu gekommen sein, dass sich ein Mensch nicht oder nur schwer spontan abgrenzen kann. So muss der eine durch bewusste Methoden seiner energetischen Abgrenzung nachhelfen, der andere hat es nicht gelernt, in der Kommunikation Grenzen zu setzen, er fühlt sich dabei gehemmt oder es fehlen ihm Hinweise und Techniken, wie er sich verständlich machen kann. Oft verhindern Denkgewohnheiten und Denkverbote, dass der Mut zur Erkenntnis aufgebracht wird, gedankliche Klarheit über die eigenen Bedürfnisse, Ansprüche und Grenzen zu entwickeln und dabei strategisch und rational vorzugehen.

Mentale Abgrenzung

Auch wenn unser Denken selbst zur Grenzenlosigkeit neigt, kann es uns bei der Abgrenzung wesentlich helfen. Nicht nur bei der Frage, wie wir geschickt dabei vorgehen, sondern auch dabei, Klarheit über unsere Grenzen zu entwickeln. Gedankliche Klarheit teilt sich auch anderen mit – genauso wie Unklarheit und Unentschiedenheit einer Person bewusst oder unbewusst spürbar wird. Wer selbst nicht weiß, wie weit er bereit ist zu gehen und wie weit er den anderen an sich heranlässt, wer nicht sicher ist, was er zulassen möchte und was nicht, der vermittelt dem anderen genau das: Unklarheit und Unsicherheit, Zweifel und Gespaltenheit. Nichts wirkt einladender für Grenzverletzer als ein solcher schwächender innerer Zustand. Auf andere, die gar nicht die Absicht haben, unsere Grenze zu verletzen, wirkt es ebenfalls: Sie werden selbst unsicher, wie weit sie kommen dürfen, und bleiben uns lieber ganz fern und weichen uns aus. Das Wichtigste im Kontakt mit anderen ist deshalb innere Klarheit. Übrigens auch, wenn es um unsere Grenzen in Bezug auf Leistung und Arbeit geht: Wie viel kann dem Kollegen noch zugetraut oder zugemutet werden und was nicht mehr? Ist der Mitarbeiter eine verlässliche Größe, auf die man bauen kann?

Wo setzen Sie wem die Grenze?

Viele von uns scheinen oft nur die Wahl zwischen unverstellter Nähe und vollständiger Distanz zu haben. Zwischen ganz offen und ganz geschlossen liegen jedoch die vielen differenzierten Möglichkeiten der genau passenden Lage der Grenzen. Wie weit wir uns im Kontakt öffnen oder schließen, ist eine Frage unseres inneren Gradmessers.

In meiner Kindheit spielten vor allem die Mädchen auf dem Schulhof noch das Spiel »Kaiserin, wie viele Schritte darf ich wagen?« Es ging in dem Spiel um Abstand und Nähe. Die Mitspieler standen auf einer Linie, gleich weit entfernt von der Kaiserin, die ihnen den Rücken zukehrte. Sie stellten die Frage nach der Zahl und der Größe der Schritte, die sie auf sie zu machen durften. Ziel war es, die Kaiserin zu erreichen und abzulösen. Wenn die Kaiserin sich plötzlich umdrehte, konnte sie die anderen noch in der Bewegung oder beim Schummeln – unerlaubten Grenzüberschreitungen – erwischen. Sie schickte sie dann zurück an die Linie. Sie tat alles, um zu verhindern, dass sie ihr zu nahe kamen und sie »entthronten«.

IMAGINATIONSÜBUNG: DIE HAUS-UND-GARTEN-METHODE

Stellen Sie sich Ihr Leben mit all seinen Bereichen wie ein geräumiges Haus mit Garten vor. Wen lassen Sie nur in den offenen Eingangsbereich vor Ihrer Haustür kommen? Gibt es Menschen, die Sie nicht einmal in den Garten lassen möchten? Wer darf die Diele betreten? Wer ist im Wohnzimmer willkommen? Wer darf ins Esszimmer? Und wer sogar in die Küche? Wer darf mit ins Obergeschoss? In Ihr Arbeitszimmer? In Ihr Schlafzimmer? Vielleicht haben Sie ja auch noch ein geheimes Boudoir, in das man nur durch eine Tapetentür gelangt? Das bleibt selbstverständlich nur Ihnen vorbehalten! Vielleicht möchten Sie auch die eine oder andere Einladung aussprechen, doch bitte etwas näher zu treten? – Und was bedeutet das alles ganz konkret?

Je klarer Sie sich darüber geworden sind, desto schneller und eindeutiger können Sie in den entsprechenden Situationen reagieren und die passenden Signale geben. Ihr Maß an Offenheit oder Ihre Bereitschaft, Ihre Grenzen zu wahren, wird sich auch durch Ihr Auftreten mitteilen.

DIE KLÖNTÜR

In Norddeutschland gibt es vereinzelt in alten Bauern- und Fischerhäusern noch sogenannte Klöntüren. Die Tür ist in halber Höhe zweigeteilt. Wenn man die Tür ganz öffnet, kann man raus und rein. Schließt man die untere Hälfte, so hat man frische Luft und den Kontakt nach draußen, doch man verhindert, dass zum Beispiel neugierige Hühner oder Enten vorzeitig den Weg in die Küche finden. Sie schützt auch die Katze in der Küche vor dem Hund des Nachbarn. Die Klöntür trennt und verbindet zugleich, zudem kann man sich bequem auf die untere Tür stützen, wenn man seinen »Klönschnack« hält.

Die Klöntür ist ein einfaches Bild für begrenzte Nähe, für das Verbindende einer Barriere. – Wie viel Nähe lassen Sie zu? Was lassen Sie nicht über die Schwelle kommen? Wann schließen Sie die ganze Tür? Wann öffnen Sie die obere Hälfte? Und wem öffnen Sie auch die untere Tür, sodass er näher treten und hereinkommen kann?

Wenn wir uns mit diesen Methoden gedanklich und anschaulich selbst Klarheit darüber verschafft haben, wie weit wir entfernt bleiben oder wie nah wir herangehen möchten, dann haben wir die Voraussetzung dafür geschaffen, um in der Begegnung auch entsprechend klare Signale der Kommunikation zu geben und Missverständnissen vorzubeugen.

Kommunikative Abgrenzung: Sprache, Haltung, Mimik, Gesten

Eines darf man bei all den Hintergründen und Methoden der Abgrenzung nicht vergessen: den einfachsten Weg, sich abzugrenzen. Man spricht das Thema ganz offen an! Oft fehlt es uns dazu an Mut. Wir befürchten vielleicht, dass es uns als Schwäche ausgelegt werden könnte, wenn wir sagen, dass wir unsere Grenzen wahren wollen. Meist zeigt sich, dass es umgekehrt ist.

GRETA *mag Geselligkeit, sie braucht jedoch auch viel Ruhe für sich. Früher war es schwierig für sie. Sie liebte es, ihre Freunde zum Abendessen einzuladen, doch das machte sie immer seltener und bald gar nicht mehr, denn so ein Abend verdarb ihr den ganzen nächsten Tag. Ihre Gäste blieben zu lange, Greta wachte jedoch genauso früh auf wie sonst, fühlte sich aber schwach und nicht in der Lage, ihre Dinge mit Elan zu tun. Versuchte sie länger zu schlafen, dann brachte sie damit ihren eigenen Rhythmus und ihren Kreislauf durcheinander, und sie war ebenfalls lustlos und fühlte sich nicht leistungsfähig. Ebenso war es, wenn sie eingeladen wurde. Um die negativen Folgen zu vermeiden, vermied sie Geselligkeiten immer mehr, doch dann fehlte ihr die Nähe zu ihren Freunden. Sie steckte in einem Dilemma.*

Seitdem Greta ihre Grenzen ganz offen ankündigt und zu ihnen steht, ist sie wieder in ihrem seelischen Gleichgewicht. Wenn sie eingeladen wird, dann fragt sie, ob sie auch willkommen ist, wenn sie sich früher als die anderen Gäste verabschiedet. Bei der Begrüßung erinnert sie den Gastgeber noch einmal kurz daran und vereinbart, dass sie ohne viel Aufhebens zu machen gehen wird, damit keine allgemeine Aufbruchsstimmung entsteht. Auch wenn sie zu sich einlädt, hält sie es so: Sie gibt das Ende vorab bekannt. Und wenn es soweit ist, dann legt sie feierlich eine CD mit einem Abschiedslied auf. Die Gäste sind immer wieder gespannt darauf, welchen schönen alten Schlager sie jetzt wieder ausgegraben hat: »Wer wird denn weinen, wenn wir auseinander gehen …« Einige der Freunde besuchen danach noch eine Bar. Auch das hat inzwischen Tradition.

FELIX *hat Schwierigkeiten mit dem Stillsitzen, da kommt er vor allem bei Familienfesten wie Taufen und Hochzeiten bald an seine Grenzen. Er ist ein motorischer Typ und braucht spätestens nach zwei Stunden Bewegung. Auch auf dem letzten Fest hatte er sich anfangs wieder nicht getraut, das anzusprechen, doch dann wurde er zunehmend unruhiger und am Ende lief es darauf hinaus, dass er mit Sticheleien die Atmosphäre störte.*

Als er sich endlich durchgerungen hatte und ankündigte, er würde sich für einen Spaziergang von einer guten halben Stunde ausklinken, blickte er in die erleichterten Mienen zweier Cousinen, die sich sofort anschlossen. Als die Drei in bester Laune – sie hatten sich endlich einmal persönlich kennengelernt – zurückkamen, hörten sie das Bedauern von drei weiteren entfernten Familienmitgliedern, die gern mitgekommen wären.

Wer wie Greta für sich sorgt und seine Grenzen einhält, der erreicht damit gleich mehrere Vorteile: Greta muss sich nicht mehr zurückziehen, sondern kann ihre Kontakte erhalten und sogar ausbauen. Sie erlebt das Zusammensein mit anderen nicht mehr nur passiv, gewissermaßen als »Konsument«, sie hat erkannt, dass es für sie, ihr Gegenüber und für Beziehungen ganz allgemein förderlich ist, den Kontakt aktiv zu gestalten. Es gelingt ihr jetzt auch leichter, auf andere zuzugehen oder die Initiative zu ergreifen. Sie wird von Bekannten und Freunden nicht mehr nur als graue Maus oder freundlicher Nebel wahrgenommen, sondern als konkrete Persönlichkeit mit Kontur. Dadurch gewinnt sie nicht nur an Farbe, sondern auch an Attraktivität für andere: »Du hast mir jetzt schon zum dritten Mal von den Abenden bei Greta erzählt. Kannst du mich mit ihr einmal bekannt machen?« Und: Indem sie zeigt, dass es möglich ist, souverän und freundlich für die eigenen Bedürfnisse zu sorgen, gibt sie anderen die Erlaubnis, dasselbe zu tun.

Auch Felix hatte endlich die Anpassung an eine vermeintliche Konvention aufgebrochen. Niemand hatte im Übrigen von ihm erwartet, dass er die ganze Zeit vom Hochzeitsschmaus bis zum Brauttanz stillsitzen müsse. Das waren seine eigenen unhinterfragten Annahmen gewesen. Dadurch, dass er für sich und die Einhaltung seiner Grenzen sorgte, hatte er auch den anderen ermöglicht, mehr von ihrem persönlichen Leben zu zeigen. Die Cousinen waren jetzt mehr als nur die Töchter von Onkel Hermann und Tante Ilse. Die Familienzusammenkünfte hatten plötzlich ihren alten Schrecken verloren. Felix kann sich seither sogar auf weitere Feste freuen.

Unbewusste Botschaften

Ständig sind wir in Kommunikation mit anderen, auch wenn wir gar nichts sagen. Unsere Mimik, unsere Gesten und unsere Körperhaltung sprechen deutlich genug. Und manchmal vermitteln sie etwas anderes, als wir eigentlich sagen möchten. Oft sind wir uns gar nicht bewusst, was wir ausdrücken. Wir folgen vielleicht nur einer alten eingespielten Gewohnheit. Häufig haben wir auch kein ausreichendes Repertoire. Wir haben es meist nicht gelernt, Körperhaltung, Mimik und Gesten bewusst einzusetzen. So fehlen vielen Menschen ganz einfach die »Vokabeln« der nichtsprachlichen Kommunikation. Wir möchten vielleicht eine Grenze signalisieren, doch unser körperlicher Ausdruck bleibt stumm. Und schlimmer noch: Er unterläuft vielleicht sogar unsere Warnung »Achtung Grenze«! Er kann sogar unsere Worte, mit denen wir unser »Bis hierher und nicht weiter!« umschreiben, in Abrede stellen. Dann widersprechen wir uns selbst und senden Doppelbotschaften.

Aus Untersuchungen weiß man, dass unsere nichtverbalen Botschaften von einem Gegenüber als eindringlicher wahrgenommen werden als unsere sprachlichen Aussagen. Die stummen und doch so beredten Botschaften unserer Körperhaltung, unserer Mimik und Gestik, die wir ständig geben, ohne sie meist selbst zu registrieren, übertönen manchmal das, was wir vielleicht endlich einmal auszusprechen wagen.

Zu sich und Ihren Grenzen stehen: Ihre Körperhaltung

Oft reicht es in Situationen, in denen Sie einem Gesprächspartner signalisieren möchten, dass er Ihrer Grenze zu nahe kommt, die Körperhaltung zu verändern. Zum Beispiel können Sie sich aufrecht hinsetzen, wenn Sie zuvor zurückgelehnt dasaßen. Stärkend wirkt dabei auch ein guter Bodenkontakt. Falls Sie Ihre Beine entspannt übereinander geschlagen haben sollten, stellen Sie Ihre Füße parallel auf. Dadurch sind Sie zugleich besser geerdet. Wenn Sie stehen, reicht der Wechsel von einer eher entspannten Haltung in eine aufrechte, in der Sie das Gewicht gleichmäßig auf beide Füße verteilen.

FRÜHER *ging es mir so, dass ich in einem Gespräch, in dem ich zum Opfer eines Vielredners geworden war, alle Anzeichen eines Besiegten von mir gab – in der Hoffnung, dass diese Signale meines Aufgebens fair (nämlich mit einem Nachlassen) beantwortet werden würden. Doch sie wurden als Einladung missverstanden, mein Gegenüber setzte noch eins drauf. Und ich musste mir noch mehr anhören. Wenn ich mich heute im Nachhinein so betrachte, dann saß ich da wie einer, mit dessen Widerstand nicht mehr zu rechnen war. – Rom, offene Stadt!*

Mein größter Fehler bestand darin, dass ich es überhaupt so weit hatte kommen lassen. Zuvor hatte ich falsche Signale gegeben, und das war also das Ergebnis. Ich hatte eine offene Körperhaltung eingenommen. Sie wirkt wie eine Einladung: Tritt näher! Wer sich begrenzen oder gar nicht erst Kontakt aufnehmen möchte, der sollte das mit seiner Körperhaltung auch signalisieren, um keine Missverständnisse aufkommen zu lassen. Offen – das meint zum Beispiel, die Arme geöffnet zu halten, so als könne diese Haltung die Vorstufe einer herzlichen Umarmung darstellen. Geschlossen heißt beispielsweise, die Arme vor der Brust zu verschränken, sodass jeder wortlos versteht: Der Laden ist dicht.

EINLADENDE HALTUNGEN: offen, entspannt
ABGRENZENDE HALTUNGEN: geschlossen, aufrecht, aufmerksam, leicht gespannt

Ihre Gesten sprechen Bände

Von der Körperhaltung kann man das entsprechend auf die Gesten übertragen: Wer sich abgrenzen möchte, sollte Arme und Hände geschlossen und nah am Körper halten. Man kann mit Gesten noch deutlicher werden: Mit einer Hand führen Sie dabei eine Bewegung aus, die wie die Andeutung einer Grenze aussieht.

Dabei halten Sie die Hand, den Handrücken zum Gegenüber gewendet, kurz in den Raum zwischen sich. Steigern lässt sich die Geste durch eine leicht angedeutete Schneidebewegung. Deutlicher noch ist es, wenn Sie mit einer Hand eine Art Stoppsignal in Richtung der anderen Person ausführen. Dabei halten Sie die offene Handfläche in Richtung des Gegenübers. Auch hier gibt es noch eine Steigerung: Sie halten die Hand nicht nur abwehrend vor sich, sondern schieben die offene Handfläche leicht und angedeutet in die Richtung Ihres Gegenübers.

Bitte trainieren Sie diese Gesten und ihre Wirkung vor einem Spiegel, bevor Sie in Begegnungen das so Erarbeitete anwenden, denn wie leicht kann man über das Ziel hinausschießen. Sich abzugrenzen ist etwas anderes, als ein Gegenüber vor den Kopf zu stoßen.

SO GEHT ES

DIE »MERKEL-RAUTE« UND ANDERE ENERGETISCHE HANDHALTUNGEN

Wer Nachrichtensendungen im Fernsehen gesehen hat, dem wird eine besondere Haltung der Hände bei Angela Merkel schon einmal aufgefallen sein. Sie legt die Daumen- und die Fingerspitzen beider Hände mit den Daumenspitzen nach oben, mit den Fingerspitzen nach unten gerichtet in Höhe von Bauch und Unterleib vor sich. Probieren Sie einmal diese Haltung aus und nehmen Sie die Auswirkung auf sich selbst wahr.

Steigern können Sie die Wirkung der so zusammengelegten Hände, wenn Sie sich an einen Tisch setzen oder auf einen Sessel, Ihre Ellenbogen dabei aufstellen und die Fingerspitzen nach oben richten. Wie wirkt diese Handhaltung auf Sie selbst? Und wie dürfte wohl die Wirkung auf ein Gegenüber sein? – Legen Sie dabei übrigens nicht die Handflächen aneinander wie bei den »Betenden Händen« von Dürer. Diese Wirkung ist eine andere.

Das Aneinanderlegen der Daumen- und der Fingerspitzen bewirkt grundsätzlich eine Konzentration auf die eigene Person, es ist ein energetisches Zu-sich-Kommen. Die Welt da draußen tritt etwas zurück. Mit dem Zusammenlegen der Fingerspitzen verändern wir unseren Energiefluss ein wenig. Wir geben an den Fingerspitzen weniger Energie ab und nehmen selbst

auch weniger Energie auf. Wir schalten gewissermaßen auf ein Kreisen der Energie in uns selbst – vergleichbar mit der Klimaanlage im Auto bei der Durchfahrt eines Tunnels: Wir tauschen die Luft nicht aus, es wird nur noch die im Auto bereits vorhandene Luft bewegt.
Die Haltung der zusammengelegten Hände vor Ihrem Körper baut zusätzlich eine Barriere auf, die Ihnen und auch den anderen bewusst machen kann, dass Sie zu sich stehen. Die Merkelsche Raute wirkt wie eine Selbstvergewisserung und leichte Form der Abgrenzung. Wenn Sie die Ellenbogen aufstellen und die Fingerspitzen nach oben zusammenlegen, dann erhöhen Sie die Barriere und nehmen darüber hinaus eine Dominanzgeste ein. – Stellen Sie sich vor, Sie haben eine Gehaltserhöhung beantragt. Der Chef hat Sie zu sich gerufen und erwartet Sie zu dem Gespräch darüber in dieser Haltung. Scherzfrage: Wie hoch wird die Gehaltserhöhung wohl ausfallen?
Dass Ihr Chef sich Ihnen gegenüber abgrenzt und sich hinter dieser Haltung geradezu verschanzt, ist eindeutig. Umgekehrt könnten Sie als Mitarbeiter gegenüber einem Vorgesetzten diese Haltung jedoch nicht einnehmen, ohne die Hierarchie herauszufordern und sich eventuell sogar dabei lächerlich zu machen. Vielleicht mit der einen Ausnahme: wenn Sie Ihre Kündigung einreichen, weil Sie sechs Richtige im Lotto getippt haben. – Sie müssen tatsächlich dominant sein, wenn Sie diese Haltung einnehmen.
Daher: Um nicht aus Versehen Aggressionen in Ihrem Gegenüber zu wecken, sollten Sie die Fingerspitzen nur nach unten oder nach oben weisen lassen, nicht aber die Fingerspitzen auf den anderen. Die Finger wirken sonst wie energetische Pfeile, Ihr Gegenüber könnte sich angegriffen fühlen. Und Sie hätten vielleicht, ohne es zu wollen, eine neue Front eröffnet, an der Sie sich behaupten müssen, oder einen schon bestehenden Konflikt verschärft.

Nicht nur im Stummfilm beredt: Ihre Mimik

Sehr oft habe ich früher selbst Abgrenzungsversuche unternommen, die ich mit einem freundlichen Lächeln verbunden hatte. Manchmal verriet mein Lächeln auch Unsicherheit und Verlegenheit. Ich erlebte häufig einen inneren Konflikt in mir. Auf der einen Seite der Wunsch, dem anderen zu gefallen, oder die Angst vor Ablehnung oder gar davor, ihn ganz zu verlieren, auf der anderen Seite das Bedürfnis nach Abgrenzung. Auch dieser innere Konflikt und die Unentschiedenheit teilt sich mit.

Wenn Sie lächelnd Grenzen setzen, geben Sie meist eine Doppelbotschaft. Das Lächeln kann Nähe aufbauen, es kann einladen, näher zu kommen. Ihre Worte sagen das Gegenteil. Wenn der Gesichtsausdruck intensiver und eindringlicher wahrgenommen wird als das gesprochene Wort, dann liegt es auf der Hand, dass ein solcher Abgrenzungsversuch nicht zu dem erwünschten Ergebnis führen kann.

Für manche Menschen, besonders für Frauen, ist es nicht leicht, in der Begegnung mit anderen einmal nicht zu lächeln oder nicht ständig freundlich zu gucken. Für Situationen, in denen Sie Grenzen setzen wollen, ist ein neutraler oder sachlicher Gesichtsausdruck jedoch passend. Wenn Ihnen der neutrale Blick noch in Ihrem Repertoire fehlt, sollten Sie ihn ausprobieren und einüben, damit er Ihnen zur Verfügung steht. Trainingsgelegenheiten gibt es ständig: Vielleicht probieren Sie es, Ihr nächstes Brötchen mit halb so viel Lächeln zu erstehen. Möglicherweise weiß die Bäckereifachverkäuferin Ihre Sachlichkeit sogar zu schätzen. Lächeln ist wunderbar. Es wird noch kostbarer, wenn wir es nicht ständig in derselben Intensität verschleudern, sondern dort verschenken, wo es hinpasst. Ein Lächeln wird auch wertvoller, wenn es noch steigerungsfähig ist für besondere Situationen. Dann verändert sich auch etwas an der Qualität des Lächelns, es ist nicht mehr maskenhaft.

Es gibt ganz unterschiedliche Arten des Lächelns. Zum Beispiel ein unterwürfiges Lächeln, ein defensives Lächeln, mit dem man sich von seiner Grenze zurückzieht, ein mechanisches Lächeln, ein herzliches Lächeln, ein freudiges Lächeln, ein selbstbewusstes Lächeln, mit dem man sich vielleicht sogar Raum nimmt …

Spielen Sie vor dem Spiegel mit den Übergängen zwischen freundlichem über den neutralen bis hin zum ernsten Gesichtsausdruck. Denken Sie zum Beispiel einmal an etwas Erfreuliches, ohne dabei zu lächeln. Dann lächelt Ihr Gesicht, lächeln Ihre Augen. Vielleicht lächelt es bei manchen Menschen sogar zum ersten Mal seit langer Zeit, weil sie bisher nur ihren Mund zu einem Lächeln verzogen hatten. Nun lassen Sie Ihren Gesichtsausdruck etwas sachlicher ausfallen, ohne gleich kalt zu werden ... – Es gibt so viele Möglichkeiten, dem anderen eine Grenze zu signalisieren und ihm gleichzeitig deutlich zu machen, dass Sie ihm grundsätzlich gewogen bleiben.

Abgrenzung durch einen aufmerksamen Gesichtsausdruck ist eine Möglichkeit, die Abgrenzung mit freundlichem Gesicht, ohne dabei zu lächeln, eine andere. Auf alle Fälle verändern Sie bitte Ihren Gesichtsausdruck, wenn Sie sich abgrenzen möchten. Sie unterstreichen damit, dass es Ihnen ernst ist. Sie werden zugleich eine Wirkung auf sich selbst wahrnehmen, denn Ihre Mimik verändert auch Ihre innere Haltung und Ihre Gefühlslage: Sie gehen plötzlich neutraler und sachlicher um mit dem Thema der Abgrenzung und erleben sich dann als weniger verletzlich.

Füllt Ihr Gegenüber nur die Lücke, die Sie lassen?

Sehr oft werden Menschen mit Abgrenzungsproblemen zu Opfern von Personen, die sich gern besonders ausführlich äußern. Diese malen lang und breit aus, was sie so beschäftigt, und bemerken dabei häufig gar nicht, dass ihr Gesprächspartner ihr Interesse nicht teilt. Vielleicht schenken Sie dem anderen in Ihrer Großzügigkeit gern diesen Raum und die Lebenszeit, die er sich nimmt, weil Sie merken, dass es ihm gut tut. Ist das nicht der Fall, werden Sie sich bald von ihm beraubt fühlen. Dann wäre das eine typische Situation, in der Sie lernen können, sich abzugrenzen. Unter dem Vorzeichen eines solchen Experiments können Sie einer derartigen Situation selbstverständlich etwas abgewinnen. Heißen Sie den Schwätzer also willkommen!

Vielleicht sagen Sie jetzt, dass Sie kein Interesse an einer Person haben, die es auf Ihre Zeit und Energie abgesehen hat. Umso besser! Dann können Sie Ihre Abgrenzungsversuche genau bei diesen Personen ausprobieren, denn dann müsste die Angst, abgelehnt zu werden und das Wohlwollen von anderen zu verlieren, ja entfallen.

Die erste Frage geht allerdings vorab in eine andere Richtung: Wie kommt es überhaupt dazu, dass sich der andere so breit machen kann? Sehr oft habe ich gefunden, dass der bedrängte Gesprächspartner eine Lücke lässt, in die der andere mit seinem Erzählschwall hineinstößt. Wer von sich sehr wenig mitteilt oder wer die Themen nicht anschneidet, die ihn interessieren, der lässt dem anderen den Raum für sein Erzählen. Wenn Sie gleich nach der Begrüßung das Wort ergreifen, um von Ihren eigenen Belangen zu sprechen, dann stellen Sie schon zu Anfang eines Gesprächs selbst die Weichen. Entweder kommt es zu einem tatsächlichen Gedankenaustausch oder der andere entzieht sich bald der Situation. In beiden Situationen haben Sie einen Sieg davongetragen!

Wer selbst aktiv in die Kommunikation geht, der verändert im Übrigen auch seine Anziehung.

Und wenn Sie der anderen Person gar nicht so viel von sich mitteilen möchten, dann könnte es vielleicht ein Hinweis darauf sein, dass es an der Zeit ist, mehr Initiative zu entfalten: nämlich auf diejenigen zuzugehen, mit denen Sie sich lieber austauschen wollen.

SO GEHT ES

VERBALE ABGRENZUNG, UM AUF DEN PUNKT ZU KOMMEN

Um die Rede einer anderen Person abzukürzen und zu begrenzen, unterbrechen Sie deren Redefluss und fassen ihre Ausführungen kurz zusammen. »Du fühlst dich also von deinem Ehemann nicht mehr verstanden und möchtest ihn am liebsten verlassen.« »Du bekommst an deinem Arbeitsplatz also zu wenig Anerkennung und verlierst dadurch mehr und mehr deine Motivation.« Sehr oft wird ein solcher Inhalt stundenlang mit immer neuen Details ausgebreitet, die zu keinen neuen Erkenntnissen führen. Das Gespräch dreht sich im Kreise. Häufig geht es dem, der sich so entlastet,

nicht um eine Lösung, sondern eher um Bestätigung in der Misere. Und manchmal besteht die Funktion des »seelischen Mülleimers«, den wir vielleicht spielen sollen, darin, die Situation zu stabilisieren, damit der andere sich nicht seiner eigenen Entwicklung stellen muss.
Mein Vorschlag daher: Bekunden Sie kurz Ihr Verständnis und Ihr Mitgefühl. Und dann stellen Sie eine entscheidende Frage: »Hattest du nicht schon mehrfach über diese Situation geklagt? Wäre es da nicht an der Zeit, einen Fachmann aufzusuchen, damit du professionelle Unterstützung erhältst?« Oder stellen Sie einfach fest: »Ich glaube ehrlich gesagt nicht, dass ich als der Freund von euch beiden der richtige Gesprächspartner bin.«
Um ein Gespräch, in dem Sie entgegengesetzte Positionen einnehmen, nicht ausufern zu lassen, ist es wichtig, auch einmal etwas stehen zu lassen, was Ihr Gegenüber geäußert hat. Gehen Sie also nicht auf jede Herausforderung ein, nehmen Sie auch nicht jeden Fehdehandschuh auf, wenn Sie den Eindruck haben, dass Ihnen dieser Konflikt nichts bringt. Auch hier hilft es, beide Positionen kurz zusammenzufassen und nebeneinander stehen zu lassen: »Sie meinen also …, und ich meine … Da haben wir offenbar ganz unterschiedliche Sichtweisen.« Wichtig ist, dass Sie dann einen aktiven Wechsel vornehmen. Verändern Sie Ihre Haltung, wenden Sie sich Ihrer Tätigkeit zu oder schneiden Sie ein anderes Thema an.

Klare Statements bei Verneinung und Abgrenzung

Auch wenn die nichtverbalen Signale in der Kommunikation eine tiefer gehende Wirkung haben als der verbale Inhalt, darf Ihre sprachliche Botschaft nicht dahinter zurückstehen. Die Gelegenheiten, in denen man sich abgrenzen muss, sind vielfältig, vom Verkaufsversuch am Telefon über den Antrag auf höheres Taschengeld bis zur Einladung zu einem langweiligen Kaffeeklatsch. Es ist gut, auf solche Herausforderungen vorbereitet zu sein. Wie wäre es mit einem festen Statement wie »Ich kaufe grundsätzlich nicht am Telefon«? – Bleiben Sie höflich, das ist für Sie einfacher, und für den Mitarbeiter im Callcenter, der sich wahrscheinlich auch eine besser bezahlte Tätigkeit wünscht, weniger verletzend.

Bei den Versuchen, uns verbal abzugrenzen, landen viele von uns auf der rationalen Ebene. Wir fangen an, zu argumentieren. Vorsicht, Sie begeben sich damit aufs Glatteis! Der freundliche Herr, der versucht, Ihnen noch eine Lebensversicherung zu verkaufen, ist darauf bestens vorbereitet, er kennt alle möglichen Argumente und hat die Gegenargumente schon parat. Es kommt nicht auf die besseren Argumente an. Es geht ganz allein um den Schutz Ihrer Grenzen, Ihres Reviers, Ihres Geldes und auch Ihrer Zeit. Dafür brauchen Sie überhaupt keine Begründung oder Rechtfertigung.

Und bleiben Sie möglichst ehrlich. Nicht weil alle, die es zum Beispiel auf Ihr Geld abgesehen haben, auf Ihre Ehrlichkeit einen Anspruch hätten. Der Grund liegt darin, dass jede kleine Flunkerei energetisch schwächt. Umso weniger können Sie sich dann abgrenzen. Viele ehrliche Seelen plagt anschließend auch noch das schlechte Gewissen. So kann es kommen, dass am Ende eine kleine lässliche Notlüge Sie sehr teuer zu stehen kommt, weil Sie versucht sind, einen moralischen Ausgleich zu schaffen. Die Gefahr, nachzugeben, ist dann sogar größer geworden. Zudem sinkt nicht selten die Laune, denn die Tatsache, dass man zu so kleinen miesen Tricks greifen musste, ist nicht gerade Balsam für das Selbstbild.

ALS MARIANNE *müde von ihrer Arbeit nach Hause kommt, erwartet ihre zwölfjährige Tochter Melanie sie bereits an der Tür und geht sie mit einem dringenden Wunsch an. Sie will ihre beiden Freundinnen einladen, nächstes Wochenende bei ihr zu übernachten. Marianne ist das in ihrer gesundheitlichen Situation eindeutig zu viel. Schließlich weiß sie, was alles damit verbunden sein wird. Mit den Mahlzeiten, mit dem Bettenmachen ist es nicht getan. Bei den eigentlich harmlosen Störungen, Gegickel und Gegackel um Mitternacht, würde sie bestimmt wieder einmal nicht durchschlafen können. Marianne fühlt sich unter Druck, gleich darauf antwor-*

ten zu müssen, auch weil die Eltern der beiden Freundinnen Melanie stets so großzügig einladen. Kurzerhand sagt sie, dass das nicht ginge, weil die Großmutter zu Besuch käme, obwohl das gar nicht stimmt. Melanie freut sich jetzt auf die Oma. Ihre Freundinnen könnten auch am übernächsten Wochenende kommen. Aufgeschoben, betont sie, ist ja nicht aufgehoben!

Marianne bekommt einen heißen Kopf. Hätte sie nur nichts gesagt! Sie, die ihre Tochter so erzogen hat, dass Ehrlichkeit an erster Stelle kommt, sie, die Melanie kein noch so kleines Flunkern durchgehen lässt, sie hat plötzlich selbst gelogen. Und dazu noch so ungeschickt! Selbstverständlich kann Melanie die Großmutter jederzeit anrufen. Dann käme übrigens auch noch die Großmutter auf die dumme Idee, hier aufzukreuzen! Also muss Marianne ihre Mutter unbedingt heute Abend noch anrufen, ihr alles erklären. Und wahrscheinlich muss sie sie für ein anderes Mal einladen. Das wäre dann die Verschiebung, die sie als Grund für die Absage des Besuches nutzen will, um wenigstens dieses Wochenende zum Entspannen für sich zu haben. Also würde sie am übernächsten Wochenende ihre Mutter zu Besuch haben und eine Woche später die beiden Freundinnen von Melanie. Marianne zieht sich in ihr Zimmer zurück, schluckt die Migränepille, stellt vorsorglich den Eimer vors Bett und zieht die Vorhänge zu.

Notlügen haben manchmal sehr kurze Beine und kommen wirklich nicht besonders weit. Marianne konnte nur einen kleinen Aufschub erwirken, die Freundinnen von Melanie würden trotzdem kommen, und das fiel dann auch ausgerechnet noch mit der Hochphase ihres Projektes in der Arbeit zusammen. Und den Besuch ihrer Mutter musste sie zusätzlich verkraften. Das Schlimmste von allem war, dass sie sich selbst nicht nur als äußerst feige empfand, sondern mit ihren eigenen Werten im Unreinen war. Sie konnte sich selbst nicht mehr ausstehen! Dabei, so musste Marianne später einsehen, wäre es eigentlich ganz einfach gewesen: Es hätte gereicht, sich erst einmal das Anliegen von Melanie anzuhören und später in Ruhe darauf zurückzukommen. Sie hätte sich die Zeit nehmen dürfen, um ihre eigenen Erfordernisse und Bedürfnisse zu betrachten und abzuwägen, in welchem Maße sie Melanies Wünschen entgegenkommen konnte und wollte. Manchmal hilft es in der Situation, den Wunsch der anderen Person zu wiederholen: »Melanie, du möchtest also …«, um Zeit zu gewinnen und sich über die Antwort klar zu werden. Das signalisiert außerdem, das Ansinnen ist angekommen und verstanden worden.

Gerade wenn wir bereits unter Druck stehen, erleben wir sogar vorsichtige Vorschläge und zaghafte Wünsche von anderen so, als würden sie weiteren Druck auf uns ausüben, auch wenn das objektiv gar nicht bezweckt wurde.

Den Argumenten verwandt ist die Rechtfertigung. Sobald Sie sich für Ihre Entscheidung, sich abzugrenzen, rechtfertigen, schwächen Sie Ihre Position und stehen bald an der Wand. Eine Stufe weiter ist die Entschuldigung, die man vorbringt. Lassen Sie es nicht so weit kommen. Hören Sie sich gern an, was Ihr Kind an Argumenten gesammelt hat, um mehr Taschengeld zu bekommen oder länger auszugehen. Doch gehen Sie auch darauf nicht argumentativ ein. In Familien wird viel zu viel argumentiert und viel zu wenig miteinander gesprochen. Zeigen Sie Verständnis. Nehmen Sie sich Zeit für eine Entscheidung, die weder Ihr Kind überfordert noch unterfordert, sondern auch für Sie stimmig ist. Zum Beispiel so, wie Marianne auf die Wünsche ihrer Tochter hätte reagieren können: »Ich habe mir deine Argumente angehört. Ich werde in Ruhe bedenken, was möglich ist.«

Wenn man Ihnen die Pistole auf die Brust setzt und Ihnen Zeitdruck zu machen versucht, dann ziehen Sie grundsätzlich die Notbremse: Entscheiden Sie »konservativ«. Damit grenzen Sie sich am wirkungsvollsten gegen solche Überraschungsangriffe ab. Wenn Sie sich überrumpelt fühlen, gehen Sie lieber »auf

Nummer sicher« und sagen Nein. Oder fordern Sie die Zeit ein, die Sie für eine gute Entscheidung brauchen.

METHODE RÜCKRUF: ABGRENZUNG AM TELEFON

Das Telefon bietet häufig ein offenes Einfallstor für Grenzverletzer. Anrufbeantworter bzw. die Rufnummernanzeige stellen eine gute Schleuse dar: Man erkennt die Nummer, hört ggfs. Namen und Stimme und kann entscheiden, ob man jetzt den Anruf annimmt. Wenn Sie spontan den Hörer aufgenommen oder wenn Sie keinen AB eingeschaltet haben, dann kann es von Vorteil sein, wenn Sie kurz mitteilen, dass Sie später zurückrufen.

Gerade am Telefon kann man ohne Vorwarnung plötzlich zum Opfer werden. Oft handelt es sich, wie schon gesagt, um ein Entsorgen von Seelenmüll, das dem einen Entlastung bringt, dem anderen die Last. Diese simple Methode wird gern verwendet, um Druck abzulassen, aber an der beklagten Situation nichts zu verändern. Das Opfer hilft dann also nicht wirklich. Manchmal kann man sogar von Missbrauch sprechen.

Der von Ihnen zuvor angekündigte Rückruf erreicht den Anrufer in einer neuen Situation. Er ist mit Gedanken vielleicht schon ganz woanders oder er hat ein anderes Opfer für sein meist spontan auftretendes Bedürfnis gefunden. Wir erhalten bei unserem Rückruf gewöhnlich eine weit kürzere Zusammenfassung seiner ursprünglich viel längeren Äußerungen.

Ein weiterer Vorteil: Wir erleben uns nicht mehr als Opfer und können uns bewusst auf die Situation einstellen. Zum Beispiel können Sie auf Ihr begrenztes Zeitbudget hinweisen – »Bis zu meinem Film habe ich noch zwölf Minuten Zeit für unser Gespräch!«

GAR NICHT MAL VON PAPPE: DER TRICK MIT DEM PAPPRING

Die Überraschung eines Anrufs kann einen wie ein Blitz aus heiterem Himmel treffen. Gesteigert wird die sicherlich nicht beabsichtigte Überrumpelung, wenn man auch noch vor eine Entscheidung gestellt wird, vielleicht sogar mit einer scheinbar harmlosen Frage wie: »Hast du am nächsten Dienstag schon etwas vor?« Mit unseren Gedanken waren wir in etwas anderes vertieft, und jetzt werden wir da herausgerissen. Wir sind gewissermaßen nicht ganz bei uns. In einer solchen Situation sind die eigenen Anliegen und Grenzen in höchster Gefahr. Zusagen, die wir dann meist viel zu schnell machen, bereuen wir danach umso länger. Wir brauchen Mut, uns Zeit zu nehmen. Eine Erinnerungshilfe, dass wir uns bewusst entscheiden können, wäre da sehr willkommen.

Falls Sie noch mit einem Telefon mit Schnur telefonieren, kann ein kleiner Pappring, den Sie zwischen Apparat und Hörer anbringen, Abhilfe schaffen. Wenn niemand ins Wasser gefallen ist und es nicht um Sekunden geht, dann müssen Sie auch nicht gleich Ja sagen, wenn Sie um etwas gebeten werden oder wenn Sie auch nur den Impuls verspüren, dem anderen etwas zu versprechen. Wer spontan zusagt, bringt sich selbst oft in Bedrängnis, er geht über seine eigenen Grenzen und helfend auch oft über die Grenzen von anderen. Der kleine Pappring soll Sie erinnern, dass es in den meisten Fällen noch genügend Zeit gibt, über einen Vorschlag, ein Angebot, eine Bitte oder einen eigenen Impuls in Ruhe nachzudenken und eine wohl abgewogene Entscheidung zu treffen.

Der Pappring kann übrigens auch ein wenig stören, umso wirksamer ist er. Er soll Sie aufmerksam machen, dass Sie nicht wieder durch die dünne Leitung rüberrutschen zu Ihrem Gesprächspartner. Es ist gewiss nicht Ihre Aufgabe als Mensch, der andere zu sein, sondern Sie selbst. Noch in weiterer Hinsicht kann der Pappring hilfreich sein: Sie können ihn auch als Filter nutzen. Lassen Sie nur durch, was Ihnen angenehm erscheint oder eben annehmbar. Sie müssen weder die Sichtweise des anderen übernehmen noch seine Stimmung oder sein Bauchweh. Auch kleine Zumutungen, Spitzen oder Gemeinheiten und Übergriffe können drüben bleiben, während alle sachlichen Informationen, gute Absichten und Freundlichkeiten Sie erreichen dürfen.

Schauen Sie beim Telefonieren öfter auf den Pappring. Oder halten Sie ihn doch ab und zu mal in der Hand, spielen Sie mit ihm und erinnern Sie sich an seine Bedeutung. So bringen Sie sich Ihre Absicht immer wieder ins Bewusstsein, denn der Pappring allein vermag rein gar nichts, es sind allein Ihre eigene innere Klarheit und Ihr Entschluss, die sich auswirken.

Und wenn Ihr Telefon gar keine Schnur mehr hat? Dann hilft auch ein Aufkleber. Auch auf dem kleinsten Mobiltelefon ist noch ein Fleckchen frei. Sonst nehmen Sie getrost den Platz dafür, auf dem das Markenzeichen prangt, und überkleben es. Ein roter Klebepunkt wirkt als Erinnerungshilfe genauso gut wie ein Verstärkungsring für die Lochungen von Akten. Wichtig ist, dass Sie mit dem Symbol den Inhalt verbinden: Nehmen Sie sich etwas Zeit dafür, sich vorzustellen, wie Sie sich in Zukunft genug Raum für eine überlegte Antwort nehmen werden.

BEI SICH SEIN – AUCH IN DER BEGEGNUNG

Nehmen Sie genau wahr, wie es Ihnen vor dem Anruf oder der Begegnung ging und wie es Ihnen danach geht. Wenn Sie sich davor wohler fühlten als danach, dann wurde an einem Punkt möglicherweise Ihre Grenze überschritten. Vielleicht hatten Sie sich zu Beginn sogar über den Kontakt gefreut. Im Laufe des Gesprächs hat Ihr Interesse möglicherweise noch zugenommen, und es ging Ihnen gut bei der Nähe. Bis Sie die Wohlfühlzone vor Ihrer Grenze verlassen haben. Genau dort lag Ihre Revierbegrenzung, die nicht gewahrt wurde.

Wie leicht verliert man in der Begegnung mit einem anderen den Kontakt mit sich selbst! Das kann sogar bei einem Telefongespräch passieren. Um sich noch selbst zu spüren, kann es helfen, wenn Sie eine Hand auf Ihren Bauch legen, Ihren Atem wahrnehmen, der gewöhnlich dadurch allein schon tiefer wird, und Ihre Füße spüren. Vielleicht bewegen Sie sie in Ihren Schuhen ein wenig.

Es geht darum, den Kontakt zu sich aufrechtzuerhalten, indem Sie Ihren Körper und damit Ihre Befindlichkeit spüren. Dadurch nehmen Sie auch die Lage Ihrer Grenzen wahr. Sie teilen im Kontakt Ihre Wahrnehmung zwischen sich und Ihrem Gegenüber auf. Das ist zu Anfang oft gar nicht leicht. Eine weitere kleine Hilfe besteht darin, zunächst einmal mit seiner Wahrnehmung zwischen sich und seinem Gegenüber mehr oder weniger hin- und herzuwechseln. Auch so verliert man sich nicht aus dem Sinn.

ACHTUNG: Die so einfache und wie selbstverständlich erscheinende Aufgabe ist gerade für Menschen mit Abgrenzungsproblemen oft eine große Herausforderung! – Beachten Sie auch beim Experimentieren mit dieser Methode Ihre Grenzen und überfordern Sie sich nicht!

BEATRICE *lebt jetzt schon drei Jahre mit Thomas zusammen. Thomas geht gerne lange aus. Beatrice möchte ihm nicht die Partys und langen Abende im Freundeskreis verderben. Sie kommt mit, auch wenn es ihr am nächsten Tag regelmäßig schlecht geht. Sie möchte Thomas nicht verlieren. Also reißt sie sich zusammen, hält sich mit Koffein wach und versucht, so wie die anderen gut drauf zu sein. Doch das gelingt ihr immer weniger überzeugend. Manchmal kann sie ihre Kopfschmerzen und die Müdigkeit kaum noch unterdrücken, am nächsten Tag wird sie sich dann krank melden. Wenn Thomas das mitbekommt, fährt er sie schon mal nach Hause. Für ihn ist der Abend dann auch gelaufen. Sie wird immer mehr zur Spaßbremse. Umso mehr versucht sie sich zusammenzureißen.*

Eine Freundin hat Beatrice ins Gewissen geredet, endlich ihre eigenen Grenzen zu respektieren, auch auf die Gefahr hin, dass sie Thomas verliert. Das hat gewirkt. Sie hat sich angewöhnt, immer wieder in ihren Körper zu spüren, um rechtzeitig wahrzunehmen, wann ihre Stimmung kippt. Seither nimmt sie sich ein Taxi, wenn sie merkt, dass sie an ihre Grenze kommt. Thomas kann bleiben und feiern. – Sie hat Thomas übrigens nicht verloren. Bei einem offenen Gespräch über ihre unterschiedlichen Wünsche und Bedürfnisse drückte er zwar sein Bedauern aus, dass Beatrice nicht so gerne feiert wie er, denn verständlicherweise hätte er seine Freundin gerne dabei. Doch ist ihm klar, dass keiner der beiden etwas davon hat, wenn sie nur ihm zuliebe bleibt. Interessanterweise geschah daraufhin eine Veränderung: Seitdem Beatrice auf ihre Grenzen achtet, weiteten diese sich mit der Zeit ganz von selbst. Es geht ihr sowohl körperlich wie stimmungsmäßig wieder besser und sie kann inzwischen auch mal ohne Reue länger ausgehen, wenn sie es möchte.

Hürden auf dem Weg der Veränderung

Gerade bei der kommunikativen Abgrenzung kann es sein, dass Sie auf Hindernisse stoßen. Vielleicht haben Sie die eine oder andere Methode aus diesem Buch bereits ausprobiert, doch Sie erhalten immer noch die alte Art der Resonanz. Alles läuft scheinbar wie zuvor. Dann stellt man sich natürlich die Frage, ob die Veränderungen in der Kommunikation überhaupt etwas gebracht haben.

Das Problem liegt in diesem Fall häufig in der Wahrnehmung selbst: Nur in ganz neuen Situationen und neuen Begegnungen ist die Wahrnehmung frisch. Da haben wir und unser Gegenüber tatsächlich eine reale Chance wahrzunehmen, was wahrgenommen werden kann. Ist die Begegnungssituation jedoch bekannt, haben wir uns schon öfter gesehen und schon öfter miteinander gesprochen, dann greift die Wahrnehmung auf eine bequeme Art von Routine zurück: Unser Gehirn spielt uns dann gewissermaßen die alten Aufnahmen der gemeinsamen Kommunikation vor. Unser Gegenüber sieht und erlebt dann das, was es gewohnt ist wahrzunehmen. Unsere veränderten Signale werden ganz einfach übersehen. Fehlende Signale, die wir nicht mehr geben, etwa eine einladende Körperhaltung, werden ergänzt, neue Signale, die wir aussenden, etwa eine abgrenzende Geste, werden übergangen.

In einer so komplexen Welt mit so unendlich vielen Reizen wie der unseren erleichtert uns dieser Mechanismus die Reizverarbeitung und Orientierung. Den Menschen, mit denen Sie eine neue Art der Kommunikation aufbauen möchten, können Sie nicht vorwerfen, dass Sie eigentlich nicht gesehen werden, sondern dass meist nur das alte Bild aufgerufen wird, das sich im anderen gebildet hat.

Sie brauchen also Geduld. Wenn Ihre neuen Signale dann immer noch nicht ankommen, könnten Sie mit Ihrem Gegenüber auch einmal über Ihre Veränderungsabsichten sprechen. Nicht im Sinne von »mal ein Wörtchen reden« oder den anderen anzuklagen, sondern eher in Form eines Berichtes, was in Ihnen vor sich geht und um welche Veränderungen Sie sich bemühen. Dadurch werden Sie oft erst für den anderen sichtbar und zeigen Kontur: »Weißt du, in letzter Zeit ist mir Einiges zu viel geworden. Du hast vielleicht mitbekommen, dass ich neulich überreagiert habe. Ich möchte jetzt mehr auf meine Grenzen achten. Auch damit so etwas nicht wieder passiert …« – Vielleicht ist das neu für den anderen, vielleicht ergeht es ihm ebenso, vielleicht hat er selbst Erfahrungen damit, vielleicht unterstützt er Sie sogar. Vielleicht hat er auch Mühe, Ihre Absichten zu verstehen, obwohl er bereit ist, sie zu respektieren. Auf alle Fälle haben Sie das gute Gefühl, das Ihre unternommen und sich verständlich gemacht zu haben. Sie sind als Mensch mit Grenzen und Konturen in Erscheinung getreten. Ihre Signale können jetzt leichter wahrgenommen und respektiert werden.

Dass Ihre Veränderungen übersehen werden ist nicht die einzige Hürde auf dem Weg zu klareren Grenzen. Selbstverständlich werden andere jede Art von Veränderung zunächst einmal als unbequem erleben. Davon sind selbst jene nicht ausgenommen, die Ihnen vielleicht sogar selbst den Rat gegeben haben, sich doch endlich einmal abzugrenzen. Jede Veränderung erfordert Aufmerksamkeit – von dem, der sie vornimmt, und von denen, die davon in irgendeiner Weise betroffen sind. Alte, eingefahrene Muster werden durchbrochen und Gewohnheitsrechte werden streitig gemacht. Alte Gutscheine und Blankoschecks werden plötzlich nicht mehr eingelöst … Im späteren Verlaufe des Buches finden Sie weitere Hinweise darauf, was unsere Abgrenzungsversuche unterlaufen kann und wie Sie mit solchen Hürden umgehen können.

Energetische Abgrenzung

Wir können uns nicht nur mental und kommunikativ abgrenzen. Abgrenzung geschieht auch unwillkürlich auf der Ebene unseres Energiesystems. Ich spreche von dem Modell von Lebensenergie mit seinen Chakren, Meridianen und dem Energiefeld der Aura, so wie es in Indien entstanden ist. In unsere westliche Denktradition passt die Vorstellung von einer Lebensenergie weniger. Diese Energie ist naturwissenschaftlich nicht mess- und nachweisbar, und dennoch erleben Milliarden von Menschen ihre Wirkung. Ohne diese Grundannahme einer Lebensenergie wären die erstaunlichen Wirkungen der Akupunktur, der Akupressur und anderer Heilmethoden nicht erklärbar. Und auch die ostasiatischen Kampfkünste, die alle mit der Steuerung der Lebensenergie arbeiten, würden ihre Wirkungsweise entbehren. Doch so weit muss man gar nicht schauen. Kennt nicht jeder von uns das Gefühl, in einen Raum zu kommen, wo die Atmosphäre knistert vor unterdrückter Aggression?

Die meist unwillkürliche energetische Abgrenzung geschieht sowohl auf der Ebene der Energiezentren als auch auf der Ebene der Aura.

Zunächst fehlt es meist an der Zentrierung

Viele Menschen, die energetische Abgrenzungsmethoden bereits anwenden, fragen sich, warum die Methoden nicht immer in der erwarteten Weise wirken. Der Grund dafür ist auch hier darin zu sehen, dass sie die erste Voraussetzung für die Abgrenzung nicht erfüllen. Sie machen den zweiten Schritt vor dem ersten: Sie sind nicht zentriert. Denn energetisch überhaupt bei sich zu sein, ist die Grundvoraussetzung, um sich abgrenzen zu können. Wer nicht zentriert ist und versucht, sich abzugrenzen, der schließt sich selbst gewissermaßen aus. Dadurch, dass er innerhalb und zugleich auch außerhalb seiner Grenze ist, hebt er seine Abgrenzung selbst auf.

Um es zu wiederholen: Zentrierung bedeutet durchaus nicht zugleich auch Abgrenzung. Man kann ganz zentriert und zugleich ganz offen sein. Für viele Situationen passt es, zentriert, aber nicht abgegrenzt zu sein. Doch Abgrenzung *ohne* zentriert zu sein wird nicht funktionieren. Übungen zur Zentrierung haben Sie bereits in den vorherigen Kapiteln kennengelernt.

Innere Klarheit

Energetische Abgrenzung geschieht bei den meisten Menschen ganz unwillkürlich und spontan. Das Energiesystem ist auch eine Entsprechung unserer Befindlichkeit, unserer Lebensgeschichte und unserer Lebenspraxis und aller unserer Einstellungen. All das strahlen wir auch ständig aus, wir stehen auf diese Weise im Kontakt mit allem, was uns umgibt. Entsprechend ziehen wir bestimmte Situationen und Menschen an: so wie man einen Ton anschlägt und alles, was dazu in Resonanz steht, mitschwingt. Daher senden wir unsere Zweifel, unsere Unentschiedenheit ebenso aus wie unsere Klarheit und unsere ernste Absicht.

Schwachpunkte wirken dabei immer wie Magnete, die wie von selbst Grenzverletzer anziehen. Darum sind innere Klarheit über unsere Grenzen und Entschiedenheit eine Vorbedingung für jede Form von energetischer Abgrenzung. Manchmal kann die ernsthafte Beschäftigung mit dem Thema und Ihre Absicht, sich rechtzeitig abzugrenzen, bereits eine Wirkung zeigen. Es könnte einerseits sein, dass Sie daraufhin *mehr* Grenzverletzer anziehen, die Ihnen noch den einen oder anderen Schwachpunkt deutlich machen. Zum anderen kann jedoch Ihre Entschiedenheit bereits eine abgrenzende Wirkung zeigen.

Bewegung in festgefahrene Programme bringen

Auf dem Weg zu Klarheit und Entschiedenheit kann sich ein Hindernis bemerkbar machen: alte Programmierungen, die man sich gesetzt hat – zum Beispiel der feste Entschluss, immer verständnisvoll zu sein, für andere stets ein offenes Ohr zu haben, nicht so verschlossen und abgrenzend zu sein wie eine Person, gegen deren Grenzen man vielleicht selbst Sturm gelaufen war. Dann müsste ein solches Programm erst aufgelöst werden, damit man sich tatsächlich abgrenzen darf. Wir werden im Verlaufe des Kapitels über die Hürden bei der Abgrenzung noch mehr über solche Programmierungen hören (einige nenne ich auch unsere »inneren Gutmännchen«). Doch am folgenden Beispiel von Karins Programmierung lässt sich gut eine konkrete Methode für energetische Flexibilität zeigen: Sie können damit üben, sich fließend zwischen den Polen von Offenheit und Verschlossenheit so zu bewegen, wie es für Sie in der jeweiligen Situation passt.

KARIN *hatte sich als Kind vorgenommen, immer »lieb« zu sein. Wenn sie an ihre Grenzen kam und es ihr nicht mehr gelang, »lieb« zu sein, kippte sie in das direkte Gegenteil, sie wurde regelrecht »böse«. Dann brach sie Kontakte ab, wurde verletzend. Darüber erschrak sie selbst, darum war sie danach ganz besonders lieb, was am Ende nur dazu führte, dass sie wieder einmal wütete. Fließende Übergänge gab es für sie nicht. In ihrer Programmierung gab es nur das eine Extrem oder das andere.*

Programmierungen sind meist mit Vorsätzen oder Entschlüssen verbunden, deren Formulierung ein »Immer« oder »Nie« enthält. Damit legen wir uns selbst fest und schließen jede andere Reaktion aus. Karin konnte mit ihrem Programm nur offen und »lieb« sein oder in den Gegenpol rutschen. Damit hatte sie andere Möglichkeiten, zum Beispiel sich einmal abzugrenzen oder sich durchzusetzen, ohne den Kontakt abzubrechen, grundsätzlich verhindert.

Die allmähliche Auflösung einer solchen Blockade sollte auch auf der inhaltlichen Ebene stattfinden. Dabei geht es darum,

Übergänge zwischen dem einen und dem anderen Extremzustand zu schaffen. Hilfreich für Karin war die Beschäftigung mit Zwischenzuständen in ihrer Vorstellung, besonders das entspannte Visualisieren von Situationen, in denen sie auf erwachsene und selbstbestimmte Art »gut« sein könnte. Gegenüber manchen Menschen würde es passen, auf diese neue Weise offen und zugewandt zu sein, gegenüber anderen müsste sie jedoch vorsichtiger und reservierter – abgegrenzter – sein.

SO GEHT ES

ÜBERGÄNGE ZWISCHEN EXTREMPOSITIONEN ERKUNDEN

Wirksam zur Unterstützung ist folgende Methode, die Sie selbst anwenden können: Legen Sie eine Schnur oder einen Zollstock in voller Länge aus. Falls Sie beides nicht gleich zur Hand haben, stellen Sie sich eine gedachte Linie vor, die Sie auch an beiden Enden mit einem Zettel markieren können. Das eine Ende steht dann zum Beispiel für offen, das andere für abgegrenzt. Stellen Sie sich auf das Ihnen vertraute Ende. Gehen Sie beispielsweise ganz in den extrem offenen Zustand hinein. Eventuell unterstützen Sie die Vorstellung durch Ihre Hände: Formen Sie eine offene Blüte vor sich. – Dann stellen Sie sich auf das andere Ende. Auch hier können Sie Ihre Hände zur Hilfe nehmen und eine geschlossene Blüte formen.

Stellen Sie sich in beiden Positionen folgende Fragen: Wie ist Ihre körperliche Befindlichkeit? Mit welchen Gefühlen ist dieser Zustand verbunden? Was und wie denken Sie dort? Versuchen Sie, die Unterschiede wahrzunehmen. Nach einer geraumen Weile geht es darum, die Positionen des Zwischenraums zu erkunden. Nehmen Sie den Platz etwa zehn Zentimeter weiter auf der Linie ein. Dort sind Sie schon ein bisschen weniger offen und ein wenig mehr abgegrenzt. Stellen Sie sich wieder die drei Fragen nach Ihrer körperlichen Befindlichkeit, nach Ihren Gefühlen und nach Ihrer mentalen Einstellung auf diesem Platz. Nach einer ganzen Weile geht es weiter – bis Sie am Ende das andere Extrem, in diesem Fall »geschlossen«, erreicht haben. Dann geht es ebenso langsam wieder zurück.

Wo auf der Linie geht es Ihnen am besten? Stellen Sie sich außerdem unterschiedliche Situationen vor: Welcher Ort auf der Linie zwischen offen und abgegrenzt wäre jeweils passend dafür gewesen? – Auf diese Weise brin-

gen Sie von der inhaltlichen Seite Beweglichkeit in festgefahrene Einstellungen.
Auch hier gilt: Dieses Experiment braucht Zeit und Geduld. Machen Sie nicht zu viel auf einmal. Hören Sie sofort auf, wenn Ihnen dabei nicht gut ist oder unangenehm Überraschendes auftritt. Und wenn Sie keine Unterschiede feststellen konnten? Dann passte diese Methode vielleicht nicht auf Sie. Manchmal verhindern auch zu hohe Erwartungen die kleinen, fast unscheinbaren Wirkungen, die selbstverständlich auch ihre Zeit benötigen.

Woher die Energie nehmen?

Darüber, woher die Energie zur Abgrenzung stammen sollte, sind unterschiedliche Meinungen verbreitet. So glauben manche Menschen, die Energie dafür von oben, aus »höheren Gefilden« beziehen zu können. Die Energie von dort ist jedoch auflösend und verbindend. Das ist es ja gerade bei den meisten Menschen, die sich nicht abgrenzen können: Sie sind selbst zu sehr mit allem verbunden und zu wenig geerdet. Die Energie zur Abgrenzung kann deshalb auch nur aus der Erde stammen.

Manchmal stößt man auch auf die Vorstellung, dass die Energie für die Abgrenzung aus dem eigenen Körper zu nehmen sei. Dass man sich damit schon nach wenigen Minuten selbst schwächt und sich in der Folge noch weniger abgrenzen kann, liegt auf der Hand. Im Folgenden finden Sie konkrete Wege, wie Sie sich energetisch abgrenzen können, ohne sich zu verausgaben.

VORÜBUNG ZUR ENERGETISCHEN ABGRENZUNG – AUCH ZUM ENERGIETANKEN

Setzen Sie sich aufrecht, die Füße parallel auf dem Boden. Stellen Sie sich vor, dass Sie sich auf einer Wiese befinden. Unter dem Gras der Erdboden. Je tiefer man in die Erde vordringt, desto höhere Temperaturen findet man vor. Je näher man dem Zentrum kommt, desto wärmer wird es, desto mehr Energie hat sich angesammelt. Sie konzentrieren sich auf Ihre Füße und noch genauer: auf Ihre Fußsohlen. Stellen Sie sich vor, dass aus Ihren Fuß-

sohlen Wurzeln in die Erde wachsen. Lassen Sie die Wurzeln in genau die Schicht hinunterwachsen, deren Temperatur Ihnen angenehm ist.
Von dort nehmen Sie die Energie auf in Form von warmem, hellem Licht. Lassen Sie die Energie aufsteigen. Wie fühlt es sich an, wenn sie Ihre Fußsohlen erreicht? Die Energie verbreitet sich in Ihren Füßen. Wenn die Füße ganz davon ausgefüllt sind, dann steigt sie weiter hinauf, über die Knöchel hinaus, sie erreicht die Unterschenkel. Dann geht es weiter über die Knie in die Oberschenkel. Dabei werden Sie innen immer heller, angefüllt von der aufsteigenden Erdenergie. Bald sind Gesäß und Becken erreicht. Die Energie fließt weiter nach, es ist ja genug da. Achten Sie darauf, wie es sich anfühlt, wenn die Energie den Bauchraum ausfüllt. Wenn der Bauch von dieser Energie satt ist, geht es höher die Wirbelsäule hinauf und durch das Zwerchfell, das den Bauch- vom Brustraum trennt. Wie wirkt sich die Energie auf die Atmung aus, wenn die Lungen erreicht sind? Auch im Brustraum breitet sich die Energie aus. Über die Schultern fließt sie weiter in Arme und Hände. Die Energie steigt weiter hinauf, sie füllt den Hals aus und bald auch Ihren ganzen Kopf. Über die Kopfhaut, Haar- und Fingerspitzen geben Sie die Energie wieder ab, sodass immer wieder neue Energie aus der Erde nachfließen kann. Versorgen Sie sich gut mit der Energie, spüren Sie ihre Wirkung. Sie wissen, diese Energie ist vorhanden, Sie können jederzeit diese Energie tanken, wenn Sie sich ein wenig Zeit dafür nehmen.
Diese Methode hilft Ihnen, sich zu entspannen und sich mit Energie zu versorgen, sie harmonisiert zugleich. – Sie kann Ihnen sinnlich verdeutlichen, woher die beste Energie zur Abgrenzung stammt: aus der Erde.

EINE MEMBRAN ZUR ABGRENZUNG

Bei der Vorübung zum Auftanken ist Ihnen vielleicht bewusst geworden, dass es Erdenergie gibt, dass sie reichlich vorhanden ist und dass sie Ihnen zur Verfügung steht. Sie haben vermutlich auch einen Eindruck davon gewonnen, wie sie sich anfühlt und wie sie wirkt. Bei der nun folgenden Abgrenzungsmethode lenken Sie die Erdenergie nicht durch Ihren Körper. Sie stellen sich vor, dass Sie aus der Erde um sich herum eine unsichtbare Membran wachsen lassen. Die Membran können Sie nach Wunsch ausdehnen und ebenso auch wieder zusammenziehen. Zunächst hilft es, die Augen dabei zu schließen, um sich besser auf die eigene Vorstellung konzentrieren zu können. Später werden Sie in Situationen, in denen es Ihnen ratsam erscheint, sich abzugrenzen, selbstverständlich die Augen offen halten.

Setzen Sie sich an einen ruhigen Ort, an dem Sie so leicht niemand stört, und schließen Sie die Augen. Unter Ihnen die Erde mit ihrem Reichtum an Energie. Zeichnen Sie auf dem Boden in Gedanken einen Kreis um sich, in einem Abstand von etwa 30 bis 40 Zentimetern. Sie stellen sich vor, dass aus dieser kreisförmigen Begrenzung um Sie herum senkrecht eine durchsichtige Membran aus dem Boden emporwächst. Sie befinden sich dann wie in einer weiten transparenten Kunststoffröhre, die nach oben offen ist. Lassen Sie die Membran ein wenig höher als bis über Ihren Kopf wachsen. Jetzt können Sie einmal ausprobieren, ob das so reicht oder ob Sie die Membran über Ihrem Kopf erhöhen oder auch noch schließen möchten. Wenn Ihnen das nicht angenehm ist, öffnen Sie die Membran wieder nach oben. Sie können die Membran auch ein wenig ausdehnen, sie macht ja alles mit. Sie können sie danach auch ein wenig zusammenziehen – in der U-Bahn ist es zum Beispiel manchmal ziemlich eng. Wenn Sie ausprobiert haben, wie weit Sie die Membran ausdehnen und wieder anziehen konnten, dann finden Sie heraus, welcher Abstand Ihnen am angenehmsten ist. Grundsätzlich können Sie ganz kreativ mit der Membran umgehen. Sie können sich sogar einen Astronautenanzug daraus schneidern!
Gibt es kleine feine Unterschiede gegenüber dem Zustand ohne Membran? Probieren Sie es noch einmal. Anschließend experimentieren Sie im Alltag: Wie wirkt sich die Abrenzung im Kontakt mit anderen aus?

HARTMUTS EHEKRISE *hatte ihren Höhepunkt erreicht und es war für ihn geradezu unerträglich, von der Arbeit nach Hause zu kommen. Entweder zeigte seine Frau ihm die kalte Schulter, sodass er sich bereits verlassen fühlte, oder sie giftete ihn an, mit Worten, Blicken, ihrer Ausstrahlung. Am liebsten wäre er ausgezogen, aber das hätte wohl das Ende seiner Ehe bedeutet. Er beschloss, die Abgrenzungsmethode anzuwenden. Durch die Membran gelang es ihm, nicht auf die aggres-*

siven Spitzen einzusteigen. Er konnte ganz sachlich bleiben und ein wenig Abstand gewinnen. Dadurch war es ihm möglich, die Situation durch seine Reaktionen nicht noch anzuheizen. Vor allem musste die abgrenzende Membran eine eindringliche Wirkung auf seine Frau gehabt haben. Sie schien irritiert zu sein und fühlte sich offenbar getrennt von ihm. Bald wirkte sie auf ihn wie ein verlassenes kleines Mädchen. Das rührte ihn irgendwann so sehr, dass er sie daraufhin einfach umarmte. Und das war die Wende in ihrer Ehekrise. Damit, dass sich ihr Groll in Tränen auflöste, endete sein Bericht.

EIN UNSICHTBARER SCHILD

Manchen Menschen sagt diese Art Röhre nicht zu. Sie fühlen sich eingeschlossen und beengt darin. In dem Fall bietet sich der Schutzschild an. Lassen Sie einfach einen Schutzschild aus dem Boden heraus hochfahren. Positionieren Sie ihn so, dass er zwischen Ihnen und der Person steht, der gegenüber Sie sich abgrenzen möchten. Die Position des Schildes kann ganz nach Wunsch gewählt werden. Eine Buchhalterin stellte den Schild links von sich auf, weil dort die Kollegin saß, mit der sie immer Schwierigkeiten hatte. Zu den anderen Kollegen im Raum war sie jedoch weiterhin zugänglich und pflegte mit ihnen guten Kontakt. Auch den ungünstigen Platz im Straßencafé mit dem Rücken zur Straße kann man eine gewisse Zeit mit einem Schutzschild im Rücken ausgleichen.

VERA, *die alleinstehende Mutter des zehnjährigen Tim, verdient in ihrem Beruf als Erzieherin nicht sehr viel, auf jeden Fall zu wenig, um all die Wünsche und Begehrlichkeiten ihres verwöhnten Lieblings zu erfüllen. Als er sie wieder einmal anging mit einem dringlichen Wunsch, diesmal nach einem Paar ganz spezieller Turnschuhe einer kostspieligen Marke, und als sie spürte, dass sie schon im Begriff war, nachzugeben, obwohl sie dabei wieder einmal finanziell über ihre*

Grenzen ginge, entsann Vera sich rasch der oben beschriebenen Schutzschildmethode. Sie grenzte sich energetisch mit einem Schild gegenüber den Wünschen ihres Sohnes ab. Noch eine Weile versuchte Tim, in sie zu dringen. Dann stampfte er plötzlich mit dem Fuß auf und lieferte ihr die beste Resonanz auf ihre Abgrenzung, die sie sich hätte vorstellen können: »An dich kommt man ja überhaupt nicht ran!« – Er gab es auf.

Wie ging es Vera dabei? Sie war über sich selbst erstaunt, dass sie endlich einmal in ihrer Position geblieben war und nicht mit ihrem Sohn »mitgelitten« hatte. Tims Wunsch und seine Bemühungen, ihn erfüllt zu bekommen, konnte sie endlich nüchtern betrachten. Sonst kam die Ernüchterung erst dann, wenn sie plötzlich kein Geld mehr abheben konnte … Für sie war der Bann gebrochen. Und wie reagierte Tim? Er ging mit der Zeit verantwortlicher mit seinen Wünschen um. Er verfolgte nicht mehr jeden Impuls, sondern passte seine Bitten allmählich den relativ engen finanziellen Grenzen seiner Mutter an.

Zweifel? – Testen Sie Ihre Abgrenzung doch einfach!

Die energetische Abgrenzung wirkt auf zweierlei Weise. Zunächst einmal durch Ihren klaren Entschluss, sich abzugrenzen, in Verbindung mit einer Aktion. Hinzu kommt die energetische Wirkung, die manchmal in Zweifel gezogen wird. Man kann sich in den Erörterungen darüber, ob solche Methoden wirken oder nicht, verlieren. Theoretisch kann man solche Fragen nicht entscheiden, denn man sucht die Antwort dann auf der Basis der Grundannahmen und des bisherigen Wissensstandes.

Statt zu grübeln, probieren Sie es aus! Zunächst üben Sie zu Hause. Was geschieht mit den Außenreizen, wenn Sie in Ihrer Membran sitzen? Was verändert sich an der Art des Zuhörens im Gespräch, wenn Sie sich dabei abgrenzen? – Später können Sie sich damit nach draußen trauen: Wie erleben Sie die Fahrt mit der U-Bahn (nehmen Sie bitte nicht gleich eine volle U-Bahn für Ihren Test)? Wie ergeht es Ihnen im Café, wenn Sie angenehm geschützt in Ihrer Membran sitzen? Und wie ist es ohne Membran? – Gibt es kleine feine Unterschiede? Und wie wirkt sich die Abgrenzung aus auf Ihre Fähigkeit, sich auf die Arbeit zu konzentrieren?

Was bei der energetischen Abgrenzung verloren geht

Üben Sie bitte nie zu lange. Und grenzen Sie sich nicht zu lange ab. Denn mit der energetischen Abgrenzung durch eine Membran schneiden Sie sich ab von der Energie, die Sie umgibt. Es kommt auch nicht zur Resonanz, bei der sehr viel Energie entstehen kann und auf die wir als Lebewesen angewiesen sind. Sie zeigt sich zum Beispiel zwischen zwei Menschen, die sich gegenseitig bejahen, oder wie in diesem Beispiel, auch zwischen Hund und Herrchen: Der Hund spitzt in seinem Korb auf dem Flur allmählich die Ohren. Tatsächlich, aus Herrchens Schlafzimmer ist ein Geraschel zu hören, dann ein Gähnen! Herrchen reckt und streckt sich wie jeden Morgen. Zeit, an die Tür zu gehen und sich mit sanftem Kratzen an der Tür bemerkbar zu machen. Herrchen antwortet, indem er den Namen des Hundes ausspricht. Jetzt freut sich der Hund noch mehr und gibt freundliche Laute von sich. Herrchen freut sich und ist gerührt, steht auf, öffnet die Tür: liebevolle Begrüßung. Hund springt an Herrchen hoch und freut sich, Herrchen streichelt Hund und freut sich. Hund zeigt Herrchen den Weg zum Kühlschrank, wo das Futter wartet, und freut sich …

Bei einer solchen Resonanz wird nicht nur Energie ausgetauscht, sondern Energie potenziert. Beide haben danach zusammen mehr Energie als die Summe der Energie, über die beide zuvor verfügten. Der Philosoph Georg Christoph Lichtenberg, ein sehr kritischer Geist, bezeichnete eine solche Rechnung, bei der 1 + 1 nicht einfach nur 2 ergibt, sondern ein Vielfaches, übrigens als »die Mathematik der Engel«. – Von diesem Phänomen schneiden Sie sich ab, wenn Sie sich mit einer Membran abgrenzen. Deshalb sollte man diese Methode nicht als Allheilmittel betrachten.

DAS BÄRENFELL ANZIEHEN

Die folgende Version der energetischen Abgrenzung ist für diejenigen, die sich mit der Vorstellung einer Lebensenergie schwertun, oft leichter eingängig. Sie ist jedoch genauso wirksam wie Membran oder Schutzschild und eignet sich auch für Kinder. Sie stellen sich dabei vor, Sie ziehen ein Bärenfell an. Selbstverständlich muss das Fell nicht von einem echten Bären stammen, es kann sich zu Ihrer Beruhigung um einen vegetarischen oder sogar veganen Webpelz handeln, er stammt ja auch wirklich nur aus Ihrer Vorstellung. In dem Fell bleiben alle Energien stecken, die zum Beispiel für Sie aggressiv daherkommen oder die ablehnend und feindselig sind. Übrigens können Sie selbst festlegen, was das Fell durchlässt oder nicht!
Und wie gehen Sie praktisch vor? Sie können in Ihrer Vorstellung ganz konkret mit den langen Bärenstiefeln anfangen, dann folgt die Bärenhose, das Bärenwams und so fort bis hin zu den Bärenohren, die auch sehr wichtig sind, um bei verbalen Attacken gelassen zu bleiben. Sie können sich aber auch das Bärenfell einfach aus Ihrer Haut wachsen lassen, das geht schneller und fühlt sich übrigens sehr bärig und gemütlich an. Probieren Sie es aus. Vielleicht hat das auf andere Menschen auch eine kuschelige Wirkung. Dafür keine Garantie. Wenn das nicht gewünscht wird, experimentieren Sie es einmal mit der Igel-Version. Und vor allem probieren Sie es rechtzeitig aus, damit es dann klappt, wenn Sie es brauchen! – Wie fühlen Sie sich, wenn Sie den Bärenpelz angezogen haben?
Selbstverständlich können Sie das Bärenfell auch ersetzen durch das Fell des großen Osterhasen aus dem Einkaufszentrum, der dort aus einem Weidenkorb Ostereier an die Kinder der Kunden und Passanten verteilt. – Mit den großen Hasenohren, die außer Ihnen niemand sieht, haben Sie zusätzlich noch den Effekt, sich mit ein wenig Humor abzugrenzen.

LARA, *eine junge Frau, die ihren Lebensunterhalt für sich und ihren vierjährigen Sohn mit »Table Dance« verdient, zog in dem Maße, in dem sie sich für die Gäste der Bar entkleidete, den Bärenpelz an. Dann konnte sie leichter ihrer Arbeit nachgehen. Lara fühlte sich von den Blicken der Männer nicht mehr verletzt. Ihrer Anziehung tat es jedoch keinen Abbruch, da sie eine erotische und zugleich unnahbare Ausstrahlung annahm, die auf manche Männer offenbar besonders geheimnisvoll und attraktiv wirkte.*

DIE ABGRENZUNG PROGRAMMIEREN

Die Energie folgt unserer Vorstellung. Sie gehorcht eben ganz anderen Gesetzmäßigkeiten als die Materie, die durchaus nicht unserer Vorstellung zu folgen bereit ist. Das heißt auch, dass wir die Energie programmieren können. Dazu reicht Ihre klare Absicht. Selbstverständlich können Sie diese Absicht jederzeit korrigieren, verändern oder spezifizieren. Doch wenn Sie sie zugleich anzweifeln, dann lösen Sie ihre Wirkung auf. Es kommt eben auf Ihre Vorstellung an! Sie können zum Beispiel eingeben, dass in einem Gespräch die Informationen durchkommen, aber die kleinen persönlichen Spitzen draußen bleiben. Sie werden sie wahrnehmen, doch sie treffen Sie dann nicht mehr, und Sie werden nicht so emotional darauf antworten.

Das Naheliegende zuerst

Die beschriebenen energetischen Abgrenzungsmethoden sind kein Allheilmittel. In meinen Augen sollten sie eigentlich erst als letzte Möglichkeit in Frage kommen. Die Membran oder das Bärenfell schließen uns nicht nur vom energetischen Austausch mit anderen ab, auf den wir angewiesen sind, sie könnten auch missbraucht werden, um uns nicht zu entwickeln und um uns um ganz naheliegende Aufgaben herumzudrücken.

Es gibt eine Gesetzmäßigkeit des einfachsten Mittels. Wer wissen möchte, wie das Wetter ist, sollte nicht gleich ein Orakel befragen, sondern kann kurz vor die Haustür treten. Heute gibt es schon Menschen, die bei der Frage, was sie anziehen sollen, nicht kurz aus dem Fenster, sondern in ihren Computer schauen … Also: Das Naheliegende zuerst!

Was liegt nahe? Niemand von uns kommt um die Aufgabe herum, überhaupt erst einmal die eigene Position im Leben einzunehmen und bei sich zu sein. Damit ist auch verbunden, sich auf das konkrete Leben auf der Erde einzulassen und zu sich und seiner eigenen Begrenztheit zu stehen. Das klingt so einfach, doch es ist verbunden mit dem Verzicht auf die scheinbar unendlichen Möglichkeiten des eigenen Seins und mit der Erkenntnis, dass man nicht über andere gestellt ist.

Ist das erreicht, kann man die nächste Aufgabe leichter angehen und aus seiner eigenen Position heraus für sich eintreten und kommunikative Fähigkeiten entwickeln, um sich damit offen Raum zu nehmen und abzugrenzen. Das heißt auch, anderen Menschen auf gleicher Stufe zu begegnen. Damit einher geht die Erkenntnis, dass es zu gegensätzlichen Revieransprüchen kommen kann und damit auch zu Konflikten. Und notgedrungen besteht die Möglichkeit, dabei andere zu begrenzen, zu verletzen und häufig auch an anderen schuldig zu werden, so wie die anderen an uns. Dieser Verantwortung müssen wir uns stellen. Damit geben wir auch unsere Opferposition auf, die es uns in der Vergangenheit womöglich oft erlaubt hat, uns besser zu fühlen als die anderen.

Eine sinnvolle Reihenfolge für die Anwendung der Methoden

Bei Menschen, die sich leicht abgrenzen können, finden üblicherweise alle Formen der Abgrenzung gleichzeitig und auf einer Ebene statt. Diejenigen von uns, die sich damit schwerer tun, können nach der Regel der Einfachheit folgende Reihenfolge einhalten:

- Zentrierung und Einnahme der eigenen Position
- Mentale Abgrenzung
- Kommunikative Abgrenzung:
  Sprache, Haltung, Mimik, Gesten
- Erst dann: Energetische Abgrenzung

Selbstverständlich haben Sie dennoch das Recht, sich energetisch abzugrenzen, auch wenn Sie die anderen Möglichkeiten der Abgrenzung noch nicht beherrschen, denn jede Form bewusster Abgrenzung ist ein Eingeständnis der eigenen Begrenztheit. Gewissermaßen verschafft man sich ein wenig Ruhe, eine Verschnaufpause auf dem Weg der Entwicklung. Man gesteht sich ein: Ich kann noch nicht so gut kommunizieren, ich kann noch nicht immer voll zu mir stehen. – Trotzdem brauche ich diesen Schonraum. Trotzdem möchte ich nicht überrollt werden …

Was unsere Abgrenzung unterlaufen kann

Wer damit beginnt, sich abzugrenzen, gerät gelegentlich in Situationen, in denen ihm wider Erwarten die Abgrenzung noch nicht gelingt. Am Beispiel der kommunikativen Abgrenzung (Seite 117) haben wir bereits gesehen, dass *ein* Grund für ein solches Misslingen die Erwartung der anderen sein kann: Menschen sehen und hören gern das, was sie kennen und womit sie rechnen. Daher kann es geschehen, dass Sie sich zwar mit Worten beispielsweise gut gegen den Versuch Ihres Kollegen abgegrenzt haben, Sie wieder einmal zu überreden, etwas zu tun, was eigentlich seine Aufgabe wäre, die Botschaft aber nicht zu Ihrem Gegenüber durchgedrungen ist. Nachdem er Sie viele Jahre als hilfsbereite Person kennt, die immer gleich in die Bresche springt, wenn man sie um etwas bittet, erwartet er auch jetzt wieder, dass Sie sich so verhalten. Er hört daher Ihr Nein durch diesen Erwartungsfilter nur gedämpft. Da hilft bloß geduldige Hartnäckigkeit, damit Ihr verändertes Verhalten auch zu veränderten Erwartungen auf seiner Seite führt.

Doch die stärksten Hindernisse sind nicht im Außen zu finden. Oft liegen die Aspekte, die unsere eigenen Abgrenzungsversuche unterlaufen, in uns selbst – sowohl in unserer menschlichen Natur als auch in unseren persönlichen Erfahrungen und Programmierungen.

Warum es so schwer fällt, Nein zu sagen und sich abzugrenzen

Vielen Menschen fällt es schwer, Nein zu sagen oder ein »Bis hierher und nicht weiter!« zu signalisieren. Vielleicht denken Sie, dass es nur Ihnen so geht, doch das Unbehagen ist weiter verbreitet, als man meint. Und das aus gutem Grund.

Geht man zurück in die Stammesgeschichte des Menschen, dann kommt man nicht umhin zu entdecken, dass unsere frühen Vorfahren in Horden oder Clans zusammengelebt haben. Sie waren voll und ganz auf das Wohl und Wehe ihrer Gruppe angewiesen, um in der Natur zu überleben. Alleine zu leben, das wäre ein Ding der Unmöglichkeit gewesen. Ein solches Leben hätte wohl nicht länger als ein paar Tage gedauert. Ein Einzelner wäre den Angriffen von wilden Tieren schutzlos ausgeliefert gewesen. Und wie hätte man sich gegen andere Menschenhorden schützen können? Die Jagd eines Einzelnen wäre sicherlich auch nicht sehr erfolgreich gewesen. Jede Verletzung, jede Krankheit hätte ohne den Rückhalt der Gruppe rasch zum Tode geführt. In einer solchen Zeit war man existenziell darauf angewiesen, von der Horde akzeptiert zu werden. Ein Ausschluss wäre einem Todesurteil gleichgekommen. Selbst im Mittelalter hat es diese Art der Bestrafung, für vogelfrei erklärt zu werden, noch gegeben. Die Angst davor, ausgestoßen zu werden, ist auch heute noch tief in unseren Seelen verankert. Wer ausgegrenzt wird, verbindet auch in unseren Tagen diese Erfahrung meist mit dem Gefühl existenzieller Bedrohung, das mit der realen Situation oft gar nicht erklärbar ist.

Dass wir Hordenmenschen waren, steckt auch noch in anderer Hinsicht in unserem Erbe: Stellen Sie sich vor, dass aus Ihrer Horde ein ranghohes Mitglied plötzlich anfängt, schnell fortzulaufen. Da wären wohl alle mitgelaufen, auch wenn sie sich nicht selbst davon überzeugt hatten, dass tatsächlich ein Anlass zur Flucht gegeben war. Denn damit lagen sie auf der sicheren Seite. Wer sich erst einmal selbst ein Bild von der Lage hätte machen wollen, wäre wohl als Erster von dem Rudel Wölfe oder von den Hyänen gerissen worden. »Mitläufer« haben überlebt und konnten ihr Erbgut weitergeben. Das erklärt viele politische Phänomene. Zum Beispiel erfordert es sehr viel Bewusstheit, Mut und Energie, aus der Reihe herauszutreten. Darum zeigen die Menschen in Diktaturen oft viel weniger Zivilcourage, als es ihnen eigentlich möglich wäre. Deshalb kommen Unbeteiligte dem Opfer eines tätlichen Angriffs oft nur sehr zögerlich und zaghaft zur Hilfe. Selbst auf Auffahrunfälle im Nebel wirkt sich unser Hordenverhalten aus: Ein Autofahrer im dichten Nebel ist auf der sicheren Seite, wenn er vor sich *nicht* die Rücklichter eines anderen Autos erkennen kann, tatsächlich fühlt er sich dann jedoch unsicher. Tauchen plötzlich die Rücklichter eines Autos vor ihm auf, atmet der Fahrer wahrscheinlich erleichtert auf. Jetzt fühlt er sich endlich sicher, doch real ist er es nicht. Er ist dem vor ihm fahrenden Auto schon viel zu nah gekommen. Der andere Fahrer bremst, den Rest den Unfallhergang können Sie sich selbst ausmalen …

Den Druck auf sich selbst weiter erhöhen?

Wir müssen also damit rechnen, dass wir es mit dem Neinsagen und mit der Abgrenzung von Natur aus nicht leicht haben. Menschen, die sich bewusst geworden sind, dass es so nicht weitergeht und dass sie sich besser abgrenzen müssen, verschärfen oftmals ihre Problemlage dadurch, dass sie sich Vorwürfe machen und sich selbst die Schwäche bei der Abgrenzung zur Last legen. Abgrenzungsschwierigkeiten sind jedoch ein evolutionäres Erbe. Und die wenigsten von uns hatten in der Familie geeignete Vorbilder für gute Formen der Abgrenzung – geschweige denn, dass uns im Elternhaus oder in der Schule jemand etwas Konstruktives darüber beigebrachte hätte.

Begrenzen Sie also bitte das Maß Ihres Drucks, den Sie sich machen. Selbst wenn Sie nachgeben und sich doch wieder einmal so verhalten wie früher, ist das noch längst keine Niederlage. Vielleicht kennen Sie diese Situation: Sie haben die Notwendigkeit erkannt, eine Grenze zu ziehen, und hatten vielleicht sogar die passende Methode parat. Und dennoch haben Sie am Ende wieder Boden preisgegeben oder gegen Ihren eigenen Willen Zusagen und Zugeständnisse gemacht. Solche Rückschläge passieren, Sie sollten sie sich nicht auch noch als Versagen zur Last legen. Konstruktiver ist es, daraus die eine oder andere Erkenntnis über sich selbst zu gewinnen. Betrachten Sie es als wertvolle Gelegenheit, noch bewusster hinzuschauen: Was spielt alles eine Rolle dabei? Was genau hat dazu geführt, dass Sie am Ende eingeknickt sind? Bei genauer Betrachtung stellt sich meist heraus, dass zumindest einer der folgenden Aspekte darin verwoben war.

Mangel, Defizite und Bedürftigkeit

Es ist nicht leicht, sich abzugrenzen, wenn zum Beispiel Defizite eine Rolle spielen oder wenn man ganz konkret bedürftig ist. Wer zwei linke Hände hat, macht es einem geschickten Mitmenschen auch wahrlich nicht leicht, sich zurückzuhalten. Die Versuchung ist für ihn groß, helfend zuzupacken, und oft nimmt so ein doppelter Linkshänder den einen oder anderen wohlgemeinten Übergriff auch schon einmal gern in Kauf, weil es für ihn bequem ist. Auch muss man mit seiner eigenen Gespaltenheit rechnen: Eine Seite möchte sich abgrenzen und die Aufgabe möglichst selbstständig lösen, während eine andere sich hilflos fühlt und entsprechende Signale aussendet, und so erreicht denjenigen, den man vielleicht sogar des Übergriffs bezichtigt, eine verwirrende Doppelbotschaft. Haben Sie Geduld mit sich und fassen Sie immer wieder die klare Absicht, sich zu entwickeln und für sich selbst einzustehen.

Die Einladung eines alten Onkels zum Tee auszuschlagen ist leichter, wenn man sowieso nicht damit rechnen kann, in seinem

Testament berücksichtigt zu werden. Die Einladung zum Achtzigsten der kränkelnden Erbtante abzulehnen, fällt dagegen schon sehr viel schwerer, insbesondere wenn man materiell bedürftig ist und glaubt, auf die Zuwendung angewiesen zu sein. Das dürfte wohl jedem Menschen so gehen, man kann also davon ausgehen, alle Cousins und Cousinen nebst zahlreichem Anhang beim Achtzigsten der geliebten Tante wiederzusehen. – Auch hier zeigt sich, dass unsere eigenen Grenzen unsere Kraft und unser Vermögen in jeder Hinsicht widerspiegeln.

Auf Gebieten, wo wir einen Mangel, Defizite oder unerfüllte Bedürfnisse haben, fällt es uns verständlicherweise schwerer, uns abzugrenzen, und unsere Schwächen ziehen wie Magnete zusätzlich Grenzverletzer an.

Wenn es sogar am Recht zu leben fehlt

Grenzen können auch im übertragenen Sinne als Spiegel unseres Wertes betrachtet werden. Wer sich selbst nichts wert ist, wer sein Existenzrecht nicht zweifelsfrei beansprucht, der drückt das auch in seiner Haltung, seinen Bewegungen und seiner Ausstrahlung aus. Wer andere generell für wertvoller erachtet, der hält ihren Ansprüchen nicht stand, er weicht zurück, er lässt ihnen den Vortritt, gibt Boden preis. Die Notwendigkeit der Abgrenzung wird meist erkannt, doch die Versuche, sich abzugrenzen, bleiben erfolglos, da die Überzeugung der eigenen Wertlosigkeit viel älter ist als die neue Erkenntnis. Die alte Überzeugung versucht sich immer wieder aufs Neue zu bestätigen, auch wenn dieses alte Programm nachteilig ist. – Wer wiederholt auf dieses innere Hindernis stößt, kommt wohl kaum um die Notwendigkeit herum, therapeutische Hilfe in Anspruch zu nehmen. An dieser Stelle Unterstützung zu suchen, ist ein Zeichen von Reife und Eigenverantwortlichkeit, kein Zeichen von Versagen.

Die Bedürftigkeit der anderen

Nicht nur unser eigener Mangel kann unsere Abgrenzungsversuche unterlaufen, sondern auch die Bedürftigkeit der Mitmenschen.

Wer nicht selbstzentriert ist und sich nicht abgrenzen kann, ist häufig sehr offen für die Befindlichkeiten, für die Leiden und Nöte anderer. Allein schon der Weg durch die Stadt kann ihn schwächen. Wer mitleidet, verbreitet eigentlich nur das Leid in der Welt. Doch demjenigen, mit dem er mitleidet, ist dadurch noch lange nicht geholfen. Mitleiden schwächt und verhindert oft sogar konkrete Hilfe. Stellen Sie sich einen Chirurgen vor, der mit seinem Patienten leidet. Mitgefühl heißt hingegen, den anderen in seinem Leid zu erkennen, ohne gleich mit ihm mitzuleiden.

Dabei entscheiden unsere Bewertungen und Konzepte darüber, was uns auf welche Art und Weise erreicht. Manchen Menschen fällt es offenbar leichter, das Leid anderer zu übernehmen als ihre Freude und ihr Glück. Genauso wie wir für die Nöte unserer Mitmenschen offen sein können, könnten wir auch für ihre Vitalität und ihr Wohlbefinden offen sein und das auf uns wirken lassen. Es scheint einen Filter zu geben, der entscheidet, was wir durchlassen und was wir ausschließen.

Als Filter fungieren Konzepte, die wir von uns, von anderen und von der Welt haben. Ein Konzept schränkt die Wahrnehmung und Erkenntnisse ein, denn es sucht grundsätzlich nur nach Bestätigung. Wenn wir die Welt als einen Ort des Leidens betrachten, als Jammertal, und das Leben als schwer, dann werden wir all das wahrnehmen, was diese Einstellung bestätigt. Die Freude und das Glück anderer werden wir hingegen übersehen. Was nicht ins Konzept passt, wird ignoriert oder passend gemacht. Insofern lebt jeder von uns in einer Welt nach seinen eigenen Vorgaben. Die Übereinstimmung der Welt mit dem Konzept, das man von ihr hat, gibt Sicherheit und Orientierung, selbst wenn dabei Freude und Glück, die man auch in der Welt finden könnte, geopfert werden.

Ähnlich ist es mit Bewertungen, die uns wie die Konzepte oft gar nicht bewusst sind. So kann es sein, dass ein Mensch Probleme, Ernst und Schwere mit »Tiefe« gleichsetzt und als positiv bewertet, Leichtigkeit, Freude und Spaß hingegen als oberflächlich und negativ. Entsprechend wird er einseitig offen sein für alles, was schwer und problematisch ist. Es fällt ihm dann schwer, sich dagegen abzugrenzen.

SICH BEWUSST ÖFFNEN

Wem es nicht leicht fällt, sich abzugrenzen, der verfügt häufig über die Fähigkeit, sich gegenüber Befindlichkeiten anderer zu öffnen und sie zu übernehmen. Wie wäre es, diese Begabung bewusst einzusetzen? Angenommen, Sie haben an sich entdeckt, dass Sie zu offen sind für das Leid anderer und dass Sie die Tendenz haben, sich ungefragt deren Lasten aufzuladen und daran unnötig schwer zu tragen. Dann passt diese Methode auf Sie:

Wählen Sie sich eine Person aus, die offenbar eine andere Vorstellung vom Leben hat als Sie. Zum Beispiel könnten Sie jemand wählen, der die schönen Seiten des Lebens auskostet, der voll Freude ist, jemand, der sich gut behaupten oder abgrenzen kann, jemand, der mit Herausforderungen gut umgeht … – Sie müssen übrigens nicht einmal wissen, ob es wirklich so ist, dass die andere Person über diese Vorzüge verfügt, es reicht völlig aus, es anzunehmen. (Sie könnten sich sogar eine fiktive Gestalt auswählen.)

Versuchen Sie, sich einmal ganz und bewusst für die Qualitäten der ausgewählten Person zu öffnen. Die gleiche Körperhaltung und den Gesichtsausdruck anzunehmen und ein ähnlicher Blick erleichtern es Ihnen, sich ihr anzugleichen. Fühlen Sie sich für ein paar Minuten wie sie und erleben Sie die Welt aus dieser ganz anderen Perspektive.

Dieser kleine Ausflug in die Schuhe eines anderen bietet eine ganze Reihe von Vorteilen: Sie können dadurch Ihre einseitigen Bewertungen relativieren und erleben, dass andere Standpunkte auch ihren Wert haben. Auch lockern Sie Ihre Konzepte dadurch, dass Sie erkennen, dass eine andere Sichtweise ebenso schlüssig sein und ihre Berechtigung haben kann wie

Ihre eigenen. Und vielleicht haben Sie auch einmal von innen gespürt, wie es ist, wenn man sich zum Beispiel besser abgrenzen kann oder seine Position im Leben tatsächlich einnimmt. – Der anderen Person haben Sie dadurch übrigens nichts weggenommen. Der vitale junge Mann, die strahlende, weise Kämpferin … sie haben nichts von ihren Qualitäten und nichts von ihrer Energie eingebüßt. Vielleicht haben auch sie sogar etwas gewonnen: mehr Resonanz, Verständnis und Wertschätzung!

Das Recht auf das eigene Schicksal

Im Leiden eines Menschen liegt zugleich auch seine Aufgabe, seine Herausforderung, vor die er gestellt ist. Sie ist Teil seiner Würde. Wir können ihm diese Aufgabe nicht abnehmen, doch wir können ihm helfen, seine Aufgabe zu meistern, wenn er das wünschen sollte und wir dazu in der Lage sind.

WIE IST ES BEI IHNEN?

REFLEXION: DEM ANDEREN SEIN EIGENES SCHICKSAL LASSEN

Können Sie dem anderen in seiner schwierigen Situation zugestehen,

- dass er an seinen Aufgaben wachsen und sich entwickeln darf?
- dass er seine eigenen Erfahrungen macht und Sie Ihre?
- dass auch er einen freien Willen hat?
- dass auch er Verantwortung für sich tragen darf?
- dass dazu auch Fehler und Niederlagen gehören?
- dass er sein Leid tragen darf?
- dass auch er ein geistiges und spirituelles Wesen ist?
- dass auch er über ein höheres Selbst, einen Schutzengel, einen Bezug zu Gott oder zu einer höheren Wirklichkeit verfügt?
- dass man andere vor den konkreten Folgen ihres eigenen Handelns nicht bewahren, sondern oft nur diese Folgen abmildern kann?

Können Sie ihm seinen eigenen Lebensweg und seine Würde zugestehen?

ANDREAS, *ein sozial engagierter Lehrer, berichtet von seinen Schwierigkeiten auf dem Weg durch die Stadt. Er begegnet so vielen Bettlern. Wenn er an ihnen vorbeigeht, fühlt er sich jedes Mal in einem Dilemma, das mit so vielen Fragen verbunden ist, die er gar nicht so leicht beantworten kann. Wenn er nichts gibt, fühlt er sich unwohl und hat ein schlechtes Gewissen. Wenn er etwas gibt, dann fühlt er sich auch schlecht und fragt sich, ob er damit nicht einen für ihn nicht haltbaren sozialen Zustand aufrechterhalten hat. Vielleicht hat er damit sogar der organisierten Bettelei Vorschub geleistet und sein Euro wird von anderen abkassiert? Dann war da auch noch ein Vorfall. Zwei Bettlerinnen hatten ihn abgelenkt und ihm in den Geldbeutel gegriffen … – Jedenfalls verdirbt die ganze Sache ihm mehrmals in der Woche für mehrere Stunden die Laune!*

Andreas hat inzwischen eine Lösung gefunden: Seinen Geldbeutel holt er nicht mehr raus, das ist ihm zu riskant. Wenn er in die Stadt geht, steckt er sich zwei Ein-Euro-Münzen in die Jackentasche. Die erste Münze – so sein Entschluss – muss er einem Bettler geben. Das ist die untere Grenze, sie sorgt dafür, dass er sich einigermaßen gut fühlt. Dadurch verteilt er sein Geld bewusster, er kennt die am Straßenrand Sitzenden und unterscheidet sie, weil er nicht mehr wegschaut. Er hat inzwischen seine Stammbettler, die öfter etwas von ihm kriegen, er spricht mit ihnen und konnte einigen auch schon mit Sachgaben viel konkreter und sinnvoller helfen. Den zweiten Euro kann er nach Belieben verteilen, doch wenn keine Münze mehr in der Tasche ist, dann ist für heute Schluss. Das ist die obere Grenze.

Auf alle Fälle geht Andreas jetzt wieder viel entspannter durch die Stadt. »Das gute Gefühl ist mir die zwei Euro wert«, sagt er. Gerade wenn bei Mangel und Bedürftigkeit Gefühle angesprochen werden, ist die mentale Klärung aus dem Abstand heraus eine gute Voraussetzung dafür, sich abzugrenzen. Der Vorteil bei der Festlegung einer Unter- und Obergrenze besteht darin, dass uns genügend Spielraum bleibt, flexibel auf die Situation einzugehen, ohne unsere Grenze dabei aus den Augen zu verlieren.

FRANK *ist selbstständig und muss eine neue Sekretärin einstellen. Frau Felten hat er sehr ungern in Rente gehen lassen, sie war über die Jahre einfach perfekt in die Aufgaben hineingewachsen. Soll er nun der neuen Sekretärin schon nach wenigen Wochen der Probezeit kündigen, weil sie nicht die Leistung von Frau Felten erbringt? Oder wäre das eine voreilige Reaktion? – Die Leistung von Frau Felten stellt wohl das Optimum dar, die Obergrenze des Möglichen. Doch wo liegt das Minimum, die Untergrenze, für ihn? Es liegt dort, wo Frank seinen Geschäftsbetrieb ohne Einbußen noch aufrechterhalten kann. Er kommt zum Schluss, dass er die Kündigung aussprechen muss, da die neue Sekretärin das nicht im Entferntesten erreicht.*

Wie Angst und Schuld unsere Abgrenzungsversuche unterlaufen

Weitere Hindernisse bei der Abgrenzung sind Angst und Schuld, etwa die Angst vor den Folgen unserer Abgrenzung. Angst und Schuld wirken nicht nur auf der seelischen Ebene, sondern auch auf den Körper und auf das Energiesystem. Wir fühlen uns schwach, spüren Druck oder Übelkeit, manche fallen in sich zusammen, häufig wird Stress mit all seinen Begleiterscheinungen ausgelöst. Eine Reaktion darauf kann darin bestehen, zu erstarren, mancher versucht das alles zu überspielen und ist ganz damit beschäftigt, Haltung zu bewahren.

Was könnten die Folgen unseres Neins oder unseres »Bis hierher und nicht weiter!« sein? Wenn diese Konsequenzen feststünden, dann könnten wir das Risiko nüchtern kalkulieren, könnten den Gewinn durch die Abgrenzung mit dem zu erwartenden Verlust vergleichen. Unsere Fantasie verstärkt die Wirkung der angestoßenen Angst: Oft nehmen wir aus unserer Angst heraus den Zustand vorweg, vor dem wir uns so fürchten! Diese innere Reaktion auf das Andeuten der Angst von außen schwächt zusätzlich. Der so Verängstigte erledigt sich gewissermaßen selbst und kommt ganz konkret dem zuvor, der uns vielleicht mit dem Angstmachen nur ein wenig drohen wollte.

Allein die Vorstellung dessen, was passieren könnte, schwächt unsere Abgrenzung. Wenn wir Angst haben, geraten wir in einen Alarmzustand. Dieser Zustand soll uns eigentlich in die Lage versetzen, uns und unsere Grenzen zu verteidigen. Kippt diese Angst ins Diffuse, dann ziehen sich unsere Grenzen wie von selbst zurück, sie werden diffus und löchrig. Wir werden klein und schwach und stehen nicht mehr zu unserem Anspruch. Vorauseilend machen wir dem Platz, der sich auf Kosten unserer Grenzen und unseres Reviers breit machen möchte.

Während die helle Seite der Angst uns in die Lage versetzt, uns zu schützen, betreibt diese dunkle Seite der Angst das Geschäft unserer Gegner. Oft handelt es sich dabei um einen Ablauf aus unserer Kindheit, der sich verselbstständigt hat. Damals haben wir das Aufgeben bis hin zur Selbstbestrafung oft als einzige Möglichkeit gesehen, um uns vor den erzieherischen Folgen zum Beispiel unserer Abgrenzungsversuche zu schützen. Die befürchteten Folgen waren nicht immer drakonisch – dagegen hätte man sich innerlich viel leichter abgrenzen können –, sondern subtil und dafür umso wirksamer. Dadurch, dass wir ihnen zuvorkamen, glaubten wir geschützt vor Strafe und Liebesverlust zu sein.

ÄNGSTE UNTERSCHEIDEN LERNEN

Wenn Sie Angst verspüren, dann prüfen Sie bitte aufmerksam: Handelt es sich um eine Angst, die Sie von sich aus haben, oder um eine Angst, die jemand Ihnen macht, um Sie zu beeindrucken oder um etwas zu erreichen?

Bewirkt diese Angst, dass Sie in einen Zustand geraten, in dem Sie aufmerksam und wach werden und sich sowie Ihr Territorium und Ihre Grenzen verteidigen können?

Oder schwächt diese Angst Sie und erreicht das Gegenteil von dem, was sie sollte?

Die in Frage gestellte Zugehörigkeit

Besonders tief sitzt oft unsere Angst davor, Liebe, Wertschätzung und Zugehörigkeit zu verlieren, wenn wir uns abgrenzen. Immer wieder tauchen solche Fragen auf: »Mögen mich die Kollegen auch dann noch, wenn ich an dem Wochenende nicht die Vertretung übernehme?« »Wie werden sich meine Kameraden im Wanderverein zu mir verhalten, wenn ich es ablehne, den Posten des Kassenwarts zu übernehmen? Gehöre ich dann noch dazu?« »Mag mich meine Tochter noch, wenn ich ihr nicht erlaube, so lange auszugehen?« »Verliere ich den neuen Partner, wenn ich auch mal einen Abend für mich allein verbringen möchte?«

Wer sich zuvor nicht abgegrenzt hat und plötzlich und für die anderen unerwartet Grenzen setzt, der erntet nicht immer Beifall dafür. Gewissermaßen beschneiden wir alte Gewohnheitsrechte der anderen. Da kann es vorkommen, dass der eine auf die Einhaltung seines alten vermeintlichen Besitzstandes pocht, der andere rüttelt am neu aufgestellten Zaun, schließlich hat er sein Auto doch immer auf unserer Wiese abgestellt …

Beugen Sie der befürchteten Zurückweisung vor und sprechen Sie das Thema offen an, zum Beispiel durch klare Formulierungen wie dieser: »Ich liebe dich und bin gern mit dir zusammen, auch wenn ich ab und zu einen Abend allein verbringen möchte.«

Oft stellt man sich negative Reaktionen der anderen auf unsere

Abgrenzung auch nur vor. Doch längst nicht immer. Es kann durchaus sein, dass der eine oder andere Freund auf Abstand geht, im Extremfall verliert man den Kontakt ganz. Verhältnisse ordnen sich neu, wenn wir uns ändern. Wer sich entwickeln will, muss bereit sein, diesen Zoll zu zahlen: Die positiven Auswirkungen in der eigenen Seele dürfen es Ihnen wert sein, denn durch Ihre Abgrenzung wird Ihr Bezug zu anderen klarer: Wer im Kontakt mit Ihnen bisher eher auf den eigenen Vorteil geschaut hat, wird sich entfernen, diejenigen, denen es tatsächlich um Sie als Person ging, werden bleiben, wenn Sie zu Ihren Bedürfnissen stehen. Und vielleicht erhalten Sie sogar Verständnis und Unterstützung von dem einen oder anderen, wenn Sie beginnen, für sich zu sorgen.

Die Pistole auf der Brust: grenzenlos zugehörig oder gänzlich ausgegrenzt

Die Erfahrung, ausgegrenzt zu werden, wenn man Nein sagt, sich abgrenzt, sich seinen Raum nimmt, war bei manchen Menschen in der Kindheit ganz real. Sie haben erfahren, dass sie Liebe und Zugehörigkeit in dem Moment verloren haben, in dem sie es gewagt und versucht hatten, ihre Grenzen zu schützen. Schon in ihrer Kindheit steckten sie in einem Dilemma. Auf der einen Seite gab es das Angebot von Liebe, Geborgenheit und Zugehörigkeit. Auf der anderen Seite die Möglichkeit von Eigenständigkeit, Autonomie und Freiheit. Das eine bedingt eigentlich das andere, doch in manchen Familien schließen sich beide Möglichkeiten aus: Diese Art von Liebe ist mit Vereinnahmung und dem Verzicht auf Selbstständigkeit verbunden. Eigenständigkeit und ein eigenes Revier bedeuten dann Ausgrenzung und Isolation, emotionale Kälte, Gefährdung der Existenz.

Eigentlich gehören beide Seiten zusammen: Die Atmosphäre von Geborgenheit und Liebe ist es, die es dem Kind ermöglicht, zu wachsen, stark zu werden, den eigenen Weg in die Welt zu gehen, Selbstständigkeit und Autonomie zu entwickeln. Seine

Entfaltung, seine Autonomie und Kraft ermöglichen es ihm dann wiederum, eine neue Familie zu gründen, die den Kindern eine Atmosphäre von Schutz und Geborgenheit, von Fürsorge und Liebe bietet, damit auch sie ihren Weg ins Leben gehen können …

In manchen Familien jedoch sind die Eltern vielleicht selbst nach Nähe so bedürftig, dass sie den natürlichen Weg eines Kindes nicht zulassen können. Sie halten sich am Kind fest und opfern es für die Befriedigung ihrer eigenen Bedürfnisse. Konkret sieht das so aus: Das Kind wird geliebt. Die Eltern opfern sich sogar auf für das Kind, auch wenn dafür keine Not besteht. Doch zugleich wird vom Kind verlangt, dass es nur lieb und nett ist. Andere Gefühle werden bestraft oder übergangen. Ein Nein oder andere Versuche, sich abgrenzen zu lernen, oder der eigene Wille werden mit Liebesentzug beantwortet. Das Kind hat dann scheinbar die Wahl. Es liegt auf der Hand, dass es sich für Liebe, Geborgenheit und Zugehörigkeit entscheiden wird, denn es ist längst noch nicht stark genug, den anderen Pol zu wählen. – Später, wenn es sich ablösen und doch seinen eigenen Weg gehen muss, wird es dann wohl ohne Verletzungen auf beiden Seiten nicht abgehen.

Erst bedingungslose Liebe, die ein Nein zulässt, die Grenzen respektiert, die Raum gibt für den eigenen Willen und wesensgemäße Entfaltung, ist wirklich Liebe. An der Qualität der Liebe entscheidet sich, ob wir später in der Lage sind, uns unseren Raum zur Entfaltung zu nehmen und Grenzen zu setzen. Im Kapitel über Kindheit und Grenzen werden wir uns noch ausführlicher damit beschäftigen. Und wenn Sie diese bedingungslose Liebe nie erleben durften? – Es ist paradox, doch gerade, wer so etwas entbehrt und sich immer danach gesehnt hat, ist mit der Idee davon tief verbunden. Denn wer immer ganz frei darüber verfügen durfte, dem ist diese Qualität so selbstverständlich, dass er sie nicht einmal beschreiben könnte. Probieren Sie folgende Methode und genießen Sie sie wiederholt. Sie kann Ihnen Heilung ermöglichen.

DIE PLATONISCHE TANKSTELLE

Diese Methode habe ich nach dem griechischen Philosophen Platon benannt. Um es sehr zu vereinfachen: Platon geht davon aus, dass es die reine Urform von Erscheinungen wie Liebe, Güte, Tapferkeit, Mut und dergleichen in ihrer Vollkommenheit ganz einfach gibt. Hier auf Erden erleben wir davon ab und zu eine Art Schattenwurf oder Abklatsch. – Die Tatsache, dass solche Prinzipien (in seinen Texten nennt er sie »Ideen«) unbeschadet von unseren irdischen Verhältnissen bestehen, stellt für uns eine Hilfe dar. Wir können uns mit einer solchen »Idee«, zum Beispiel der Qualität der Anerkennung, der Wertschätzung oder der bedingungslosen Liebe, direkt verbinden. Das bedeutet, dass wir sie auf uns wirken lassen können. Wir können uns mit der Schwingung dieses Prinzips selbst »auftanken«. Daher der Begriff Tankstelle. Probieren Sie es aus:
Wählen Sie einen Stuhl, einen anderen als den, auf dem Sie jetzt gerade sitzen. Stellen Sie sich vor, dass dieser Stuhl Sie mit dem Prinzip – zum Beispiel der bedingungslosen Liebe – verbinden wird. Wenn Sie sich auf diesen Stuhl setzen, gehen Sie ganz in die Vorstellung des Prinzips der bedingungslosen Liebe. – Spüren Sie, wie diese Liebe sich anfühlt, wie sie sich auf Sie auswirkt. Achten Sie auf auftauchende Gedanken, Gefühle und vor allem auf Ihre körperliche Befindlichkeit. Machen Sie nichts, strengen Sie sich nicht an, sondern erlauben Sie einfach, dass Sie diese Qualität, die tatsächlich im Kosmos existiert, spüren und dass sie auf Sie wirkt. Lassen Sie es einfach geschehen.

Wenn Sie auf diese einfache Weise Zugang bekommen zu all den Ideen und Prinzipien, die im Kosmos existieren, machen Sie sich unabhängig von anderen. Sie sind nicht mehr darauf angewiesen, von jedem geliebt zu werden. Dann können Sie auf die Liebe anderer sogar verzichten, wenn diese Liebe einen Pferdefuß hat. Sie sind im Stande, die anderen wirklich zu lieben. Dadurch kommt vielleicht auch in Ihre Welt etwas Neues. Zum Beispiel eine Liebe, die nichts vom anderen erwartet, sondern frei macht, auf beiden Seiten.

Falls diese Methode Ihnen nicht gleich auf Anhieb gelingen sollte, mag es daran liegen, dass sie so wirksam und zugleich so einfach ist. Sehr oft habe ich gehört, dass es doch wohl nicht so einfach gehen könne. – Doch es ist so einfach! Es gibt alles, wir brauchen uns nur damit zu verbinden, so wie wir einen Radiosender einschalten: Wir stellen die Frequenz ein und empfangen das Programm dieser Station! Bei manchen, die zunächst keinen Erfolg mit der platonischen Tankstelle hatten, stellte sich heraus, dass sie die Existenz der Idee zwar spüren konnten, sie glaubten jedoch, sie dürften sie nicht annehmen. In dem Fall empfehle ich Ihnen, sich therapeutische Unterstützung zu suchen. Diese Methode kann ein tiefgreifender Weg sein, um Verbindung zum Prinzip der Annahme, zur Idee der Wertschätzung oder der Qualität der Vergebung zu finden.

Der Appell an unsere Schuldgefühle

Während wir selbst uns oft aus Angst, die Zugehörigkeit zu anderen zu verlieren, vorschnell in unseren Abgrenzungsversuchen beschneiden, werden von außen nicht selten Schuldgefühle geweckt, um solche Grenzziehungen zu unterlaufen. Schuldgefühle lenken von der Frage der Lage und der Respektierung unserer Grenzen ab. Sie bringen uns gedanklich auf ein anderes Feld, auf dem wir offenbar eine Schwäche zeigen. Und wie von selbst sind wir dann verunsichert und fühlen uns schwach. Unser Energiesystem wird gestört und durchlässig. So entkräftet, zieht sich unser Revier zusammen auf den momentanen Zustand unserer Schwäche, die Grenzen rücken näher. Wir sind dann oft nicht mehr in der Lage, unser Revier, über das wir eben noch verfügten, zu verteidigen. Manchmal scheint es sogar, als würden wir den Anspruch darauf ganz aufgeben.

Vor allem in Familien und engen zwischenmenschlichen Beziehungen wird eine solche Manipulation durch Schuldgefühle häufig und erfolgreich ins Spiel gebracht, um die Grenzen des anderen aufzuweichen. Der einfache Mechanismus geht so: Das Kind, der Partner oder das Elternteil, der sich mit der Abgrenzung des Gegenübers nicht zufrieden geben will, äußert seinen Anspruch in Verbindung mit einer Anspielung auf eine Schwäche, eine Verfehlung oder ein Versagen des anderen. Manchmal wird sogar mit der Verschlechterung des Gesundheitszustandes und – ganz extrem – mit der Möglichkeit des Ablebens gedroht:

ALS SICH LINA *vor ihrem Sommerurlaub von ihrer Mutter im Pflegeheim verabschiedete, bekam sie von dieser folgenden Reisewunsch mit auf den Weg: »Dann sehen wir uns also erst in fünf Wochen wieder, weil du ja unbedingt verreisen musst. Und so lange. Wenn ich dann noch am Leben bin. Also pass gut auf dich auf!«*

Werden Sie hellhörig, wenn Ihr Gegenüber Sie zum Beispiel mit einer Person vergleicht, die eine soziale Norm besser erfüllt oder in irgendeiner Weise angeblich besonders vorbildlich ist. Der »Angreifer« muss dabei nicht einmal Beschuldigungen aussprechen. Eine traurige Miene, ein leidender Blick sind oft beredt genug, sie können die Wirksamkeit der Methode verstärken, sogar in Verbindung mit ganz neutralen und sachlichen Formulierungen: »Das neue Trekking-Bike von Mark hat sich auf den Radtouren, die sein Vater immer mit ihm macht, schon super bewährt. Manchmal zelten sie auch und machen ein Lagerfeuer. Marks Vater nimmt sich immer total viel Zeit für ihn, und im nächsten Jahr wollen sie eine lange Radtour an den Bodensee machen. – Mark und sein Vater, die haben sich ganz schön gewundert, dass ich noch kein Trekking-Rad, sondern nur so eine alte Kiste habe ...« – Wer möchte nicht eine gute Mutter, ein guter Vater, eine gute Tochter, ein guter Sohn sein? Hat man nicht alles daran gesetzt, gerade dieses Ziel zu erreichen? Da wird man alle diese Jahre langen Bemühens doch nicht an so einer Kleinigkeit wie einem lumpigen Paar Turnschuhe, einer kleinen Gefälligkeit oder anderen Belanglosigkeiten scheitern lassen! Wer geschickt ist, der wird seine Anspielung auf den Lebensbereich lenken, der Ihnen ganz besonders am Herzen liegt und um den Sie sich ganz besonders intensiv bemüht haben.

Eine Variante des Rezeptes besteht darin, Schuldgefühle zu wecken, ohne die Schuld konkret zu benennen. Dem Opfer bleibt es dann selbst überlassen, nach seiner möglichen Schuld zu suchen, die er auf sich geladen haben könnte. Dann ist die Ablenkung perfekt: Man vergisst bei aller Grübelei, was man denn falsch gemacht haben könnte, seinen Anspruch auf ein selbstbestimmtes Revier und auf zu respektierende Grenzen.

Trennen Sie ganz bewusst

Trennen Sie ganz bewusst das Thema, worauf angespielt wird, von dem Thema, bei dem Sie sich abgrenzen wollen. Kommen Sie zurück auf die ursprüngliche Sache, um die es geht, auf Ihren Wunsch, sich abzugrenzen. Eins nach dem anderen! Teilen Sie der anderen Person auch mit, dass es sich um zwei ganz unterschiedliche Dinge handelt. In jedem Falle sollten Sie Ihre Körperhaltung und Ihren Gesichtsausdruck ändern, sodass Ihr Gegenüber deutlich erkennen kann, dass Sie hellwach sind und sich nicht so einfach manipulieren lassen. Dadurch tragen Sie zu einer Versachlichung bei (siehe auch Kapitel Kommunikative Abgrenzung).

Doch auch wenn Ihnen bewusst ist, wie die andere Person Ihre Grenze zu unterlaufen versucht, legen Sie es ihr nicht unbedingt zur Last. Diese Methoden müssen der anderen Person nicht einmal bewusst sein. Vielleicht wurde sie selbst auf diese Weise manipuliert, schließlich ist sie in Familien und in der Erziehung weit verbreitet!

Macht und Abhängigkeit

Eine besondere Situation entsteht durch unausgewogene Machtverhältnisse. Wer machtlos und abhängig ist, kann sich in manchen Situationen real nur um den Preis der Selbstzerstörung gegenüber dem Mächtigen abgrenzen. Zumindest äußerlich bleibt einem oft nichts anderes übrig, als nachzugeben. Wer in einer solchen Situation emotional reagiert, läuft Amok oder selbst ins offene Messer und zerstört sich. Immerhin kann man, auch wenn man äußerlich nachzugeben gezwungen ist, Schadensbegrenzung betreiben, sich innerlich abgrenzen und schützen, was noch möglich ist.

Man kann zum Beispiel punktuell nachgeben, ohne sich geschlagen zu geben. Man beugt sich, doch man lässt sich nicht brechen. Innerlich bleibt man aufrecht, und wenn es soweit ist, wird man sich auch wieder äußerlich aufrichten. Die Gefahr ist real, sich durch angesammelten Zorn und inneres Aufbegehren selbst zu zerstören. Die Einschüchterung durch die Macht reicht oft schon, und die Machtlosen erledigen dann den Rest und machen sich selbst zum Opfer. – So kann es Menschen in Diktaturen ergehen, doch nicht nur dort. Macht und Machtlosigkeit gibt es überall, wo man auf Ungleichheit stößt, in Arbeitsverhältnissen ebenso wie in zwischenmenschlichen Beziehungen.

BEI DER UMSTRUKTURIERUNG *seiner Firma wurde Simon (59) plötzlich ein neuer Abteilungsleiter vor die Nase gesetzt, sodass er nicht mehr dem Geschäftsführer unterstellt war. Jetzt musste er nach Weisungen seines neuen Vorgesetzten arbeiten, und einen Dienstwagen brauchte er dann sowieso nicht mehr. Zu allem Überfluss wollte sich der neue Abteilungsleiter auch noch profilieren und redete ständig in seine Arbeit hinein. In seinem Alter war Simon nicht mehr gefragt, außerdem hatte er sich zu lange schon mit seinem kleinen Spezialgebiet beschäftigt, sodass ähnliche Stellen einen Umzug nach*

Norddeutschland erfordert hätten. Ein Wechsel erschien unwahrscheinlich.

Als Simon von seiner Degradierung erfuhr, fühlte er sich völlig machtlos. Zuerst war er wie gelähmt, dann spürte er allmählich, wie Wut in ihm aufstieg. In dem Zustand hätte er geradezu Amok laufen können. Gern hätte er dem Geschäftsführer so einiges an den Kopf geworfen, was sich alles angestaut hatte im Laufe von siebzehn gemeinsamen Jahren. Das hätte die Kündigung und vielleicht sogar eine Beleidigungsklage nach sich gezogen. »Spontaneität« und »Authentizität«, von denen seine Frau immer daherredete, hätten ihm da wohl wenig geholfen. Doch wenn er alles in sich hineinfraß, dann spürte er die Wut und wie sie sich auf sein angeschlagenes Herz auswirkte. Das Einzige, was ihm half, war eine nüchterne Einschätzung der Lage, um sie nicht durch seine Reaktion noch mehr zu verschlimmern. Vor allem musste er gesund bleiben und Zeit gewinnen, um nach Auswegen zu suchen. Etwas Gutes hatte seine Zurücksetzung auch: Ihm wurde bewusst, dass er sich längst viel zu sehr mit seiner Arbeit identifiziert und andere Bereiche des Lebens vernachlässigt hatte. Die Ernüchterung weitete seinen Blick.

Übrigens kam nachher alles ganz anders: Der neue Abteilungsleiter hatte sich rasch mit dem Geschäftsführer überworfen und verschwand von einem Tag zum anderen. Simon wurde als sein eigener kommissarischer Vorgesetzter eingesetzt, und dabei blieb es. Alles lief wie vorher. Doch es war nicht mehr dasselbe wie früher: Simon arbeitet mit größerer innerer Distanz. Das tut übrigens nicht nur ihm gut, sondern auch seiner Arbeit.

Macht an sich ganz abzulehnen hilft übrigens nicht. Macht existiert. Wer sie ablehnt und sich allein schon deshalb selbst keine Macht zubilligt, der räumt den Mächtigen noch mehr Raum ein. Einen von Macht freien Raum gibt es nicht. Jedes Machtvakuum lädt Machthaber ein, auch noch dahin ihren Machtbereich auszudehnen. Oft hilft es, sich mit der Idee der Selbstbestimmung anzufreunden. So viel Macht und Einfluss sollte wirklich jeder haben.

Immer dann, wenn die äußere Abgrenzung nicht möglich ist, wie zum Beispiel bei ungleich verteilter Macht, hilft neben einer rationalen inneren Schadensbegrenzung die Methode der Durchlässigkeit am Ende des Buches.

Das rote Warnblinklicht

Immer wenn Sie Angst, Schuldgefühle und Machtlosigkeit im Kontakt mit anderen spüren, lassen Sie symbolisch ein rotes Warnlämpchen in Ihrem Bewusstsein aufleuchten. Versetzen Sie sich gewissermaßen in einen Zustand wachsamer Präsenz. Überprüfen Sie, ob tatsächlich jemand Ihre Abgrenzung zu untergraben versucht. Oder haben Sie nur Angst davor, dass es dazu kommen könnte? Es ist wichtig, zu erkennen, was tatsächlich geschieht.

Bewusstheit ist Voraussetzung dafür, dass wir die eigenen Grenzen nicht widerstandslos preisgeben, sondern sie zu verteidigen in der Lage sind. In manchen Fällen kann es sogar sein, dass dieses Erkennen auch schon das Einzige ist, was Ihnen in dieser konkreten Situation möglich ist, doch Sie werden aus dem genauen Ablauf viele wertvolle Erkenntnisse gewinnen können, die Sie für die nächsten Situationen, in denen Sie sich abgrenzen möchten, nutzen können: Der andere teilt Ihnen nämlich gerade indirekt, doch unverstellt mit, wie es um Ihre Abgrenzung steht, wo Ihre Defizite und Schwachstellen liegen. Zum Beispiel werden Angst und Schuldgefühle nicht wahllos eingesetzt, sondern bei den Menschen, auf die sie passen: Auf den Ängstlichen wirkt Angst, auf den Gewissenhaften zum Beispiel der Zweifel daran, ob er denn auch wirklich alles richtig gemacht hat …

Derjenige, der sich breit machen möchte, wirft uns üblicherweise genau den Knochen zu, auf den wir reagieren. Immer wird da ein im Kern vorhandenes Problem in uns angesprochen. Dann geraten wir in einen Zustand der Beschäftigung mit uns selbst. Wir sind abgelenkt, der Schutz der Grenze ist plötzlich nicht mehr so wichtig. Die Wachposten werden abgezogen und versuchen nun einen inneren Konflikt in uns zu befrieden. Der Weg ist frei für den Bedränger!

Die Gutmännchen: Wie wir selbst die Grenzverletzer herbeilocken

Oft sind wir es selbst, die andere dazu einladen, unsere Grenzen zu überschreiten. Da können wir die Zugbrücke hochgezogen, das Burgtor fest verschlossen haben, und doch steht plötzlich jemand mit einer Einladung erwartungsvoll in unserem Rittersaal – und etwas in uns freut sich sogar noch darüber! Wie ist der andere nur hereingekommen? Er sieht auch gar nicht aus wie ein Grenzverletzer oder wie jemand, der bei uns einbrechen wollte!

Bildlich gesprochen: Da gibt es kleine Männchen in unserer Seele, die zünden eine Laterne an, wenn wir die Burg dicht gemacht haben, steigen eine Treppe hinunter, schleichen sich durch einen Geheimgang, und am Ende des Ganges steigen sie eine Treppe hinauf, öffnen eine verborgene Tür. Mit ihren Laternen winken sie nun den anderen, um sie auf geheimem Weg leise ins Innerste unserer Burg zu geleiten.

Manche von uns haben gleich mehrere von diesen Männlein mit den Laternen. Ich nenne sie Gutmännchen. Gutmännchen wollen immer gut sein. Sie glauben, dass sie immer nur gut sind. Nicht gut (sie trauen sich übrigens nicht, »schlecht« zu sagen, weil sie ja so gut sind und von anderen eigentlich immer nur das Beste halten wollen) – das sind die anderen. Sie merken, die Logik hakt da etwas. Ja, das ist so bei den Gutmännchen. Sie nutzen jede Gelegenheit dazu, sich selbst und der Welt zu beweisen, wie gut sie sind. Es gefällt ihnen, immer alles zu geben, und zwar sofort und ohne Nachdenken. Dann fühlen sie sich so richtig gut und bekommen leuchtende Augen, die fast noch heller scheinen als ihre Laternen.

TYPISCHE PROGRAMME VON GUTMÄNNCHEN

Gutmännchen können ganz unterschiedlich programmiert sein. Das eine Gutmännchen spricht sofort an auf das Thema Helfen, das andere drängt sich vor, wenn es um Großzügigkeit geht. Wieder andere Gutmännchen verstehen sich aufs Verstehen, sie sind, wenn sie jemanden verstehen dürfen, verständlicherweise ganz in ihrem Element. Sie verstehen selbstverständlich auch, dass jemand anderes das nicht verstehen kann. Andere verzeihen sofort, manchmal schon im Voraus, bevor das Gegenüber auch nur die Gelegenheit hatte, sich schuldig zu machen … Hier einige der häufigsten Gutmännchen-Programmierungen, die uns in Abgrenzungsschwierigkeiten bringen:

- Hilfsbereitschaft
- Verständnis
- Güte
- Großzügigkeit
- Toleranz
- Offenheit (!)
- Fleiß
- Zuverlässigkeit
- Verantwortlichkeit

Die Programme der Gutmännchen nennt man auch Identitäten. Wer eine Identität hat, der identifiziert sich einseitig mit der hellen Seite einer meist guten Eigenschaft. Selbst ist man dann der Gute. Und man ist gut mit tiefster Überzeugung. Der dunklen Seite begegnet man da draußen in der Welt: »Ist es nicht schrecklich, dass es so wenig Hilfsbereite gibt?« Und natürlich gibt es ganz viele Hilfsbedürftige! Einige der Identitäten der Gutmännchen verhindern an sich schon durch ihren Inhalt die Bemühungen um Abgrenzung – wie zum Beispiel das Programm Offenheit. Man muss ja schließlich immer und für jeden ein offenes Ohr haben!

Dass jemand mit dem Gutmännchen Großzügigkeit ab und zu ziemlich knickrig und sparsam sein muss, übersieht er geflissentlich. Irgendwie muss er sich ja seine Großzügigkeit leisten können. Und dass derjenige, der sich mit der Toleranz identifiziert, sehr intolerant werden kann, wenn er auf Intoleranz bei anderen stößt, bemerkt er vielleicht nicht einmal. Noch erschreckender ist es, einsehen zu müssen, dass die aus einer Identität heraus entstandenen vermeintlichen Wohltaten nur selten auf die Dauer Gutes bewirken. Der Empfänger der Hilfe wird zum Beispiel nur zu leicht in seiner Unselbstständigkeit bestärkt und dadurch geschwächt.

Gutmännchen stören das Verhältnis zu anderen Menschen, denen sie ständig ihre Wohltaten angedeihen lassen und aufdrängen wollen, denn sie stellen sich insgeheim über sie. Die Identifikation bewirkt, dass wir uns an dieser Stelle nicht abgrenzen können, die Gutmännchen laden die anderen ein, uns und unsere edle Identifikation zu bestätigen. Mehr noch: Sehr oft begeht der Identifizierte selbst eine Grenzverletzung gegenüber dem anderen. Da werden Hilfsbereite dominant und übergriffig, sie geben zu viel und beschämen vielleicht sogar den Empfänger. Wer zahlt, der will am Ende auch das Sagen haben. Dass der dafür erwartete Dank ausbleibt, liegt auf der Hand. Und noch etwas: Gutmännchen ziehen oft ausgerechnet diejenigen an, die es auf ihre Güte abgesehen haben und die sie am Ende nur ausnutzen, während tatsächlich Bedürftige oft leer ausgehen. Denn im Zustand der Identifikation mit seiner Güte ist man leider auch verblendet – blind durch allzu viel Licht.

Ist mein Abgrenzungshindernis eine Identität?

Wenn Identitäten im Spiel sind, reagiert man spontan, ohne Verzögerung und gewissermaßen »mit leuchtenden Augen«. Man ist Feuer und Flamme. So als hätte man nur darauf gewartet. Dann läuft selbsttätig ein »Programm« in uns ab.

Auch wenn wir im Nachhinein erkennen, dass wir wie hypnotisiert waren, hat keine andere Person das bewirkt. Wir handeln selbst und ganz aus freien Stücken nach unserem eigenen alten Programm, das wir uns irgendwann einmal selbst gesetzt haben.

EIGENTLICH WILL KARL *in diesem Monat den Rest für die Urlaubsreise sparen. Das Ausgehen hat er schon stark eingeschränkt. Doch jetzt sitzt er mit seinen Motorradfreunden in einem Biergarten, das wird nicht allzu teuer, denkt er. Einer der Kumpel erzählt von einem tragischen Unfall, bei dem ein anderer Motorradfahrer ums Leben gekommen ist. Dessen schwangere Lebensgefährtin steht jetzt mittellos und ohne Job da. Von der Versicherung bekommt sie nichts, und sie erbt auch nichts, obwohl sie schon so lange zusammenlebten und sie den ganzen Papierkrieg in seiner Werkstatt geführt hat, denn sie hatte weder einen Anstellungsvertrag noch waren sie verheiratet. Jetzt regen sich alle am Biertisch über lebensferne Gesetze und die Versicherungen auf, die immer einen Grund finden, sich vor dem Zahlen zu drücken. Karl nimmt seinen Helm, legt demonstrativ seinen letzten Fünfzig-Euro-Schein hinein und reicht ihn weiter. Am Ende kommt bei neun Männern der Betrag von 108,65 Euro für die Frau zusammen. Die Enttäuschung lässt sich Karl nicht anmerken und auch nicht die Verachtung für seine kleinlichen Kumpel, die ihn plötzlich überkommt. – Den Rest des Monats wird er sich wohl wieder von Tütensuppen ernähren müssen, die er gewöhnlich mit Haferflocken aufwertet. Doch das ist nicht einmal das Schlimmste.*

Typisch für Identitäten ist die Maß- und Grenzenlosigkeit. Man gibt immer gleich alles, hundert Prozent und manchmal sogar darüber hinaus. Das ist meist zu viel und sehr oft viel mehr, als der andere erwartet hat. So entstehen Irritationen und Ungleichgewichte. Ein weiteres Kriterium ist die Einseitigkeit: Wer zum Beispiel die Identität Hilfsbereitschaft hat, der ist stets bereit, anderen zu helfen. Selbst beansprucht er jedoch so gut wie keine Hilfe. Und wenn er doch einmal Hilfe annehmen muss, dann höchst widerwillig. Wer nach der Identität »verständnisvoll« handelt, beansprucht kein Verständnis für sich. Mit sich selbst kennt er keine Nachsicht – so, als gälten für ihn selbstverständlich ganz andere Regeln.

Zusätzlich reagiert man auf Menschen, die nicht hilfreich (respektive verständnisvoll, tolerant, großzügig, verantwortungsvoll, fleißig …) sind, stark ablehnend und emotional. Sie fallen einem auf. Wer eine Identität hat, zieht Menschen, die dagegen verstoßen, gewissermaßen an.

SO GEHT ES

WIE MAN MIT GUTMÄNNCHEN UMGEHT

Die Auflösung einer Identität wird erreicht durch die Verbindung der als positiv bewerteten Seite der Eigenschaft mit ihren Schattenseiten und mit der negativ bewerteten Seite. Dadurch erfahren wir, dass wir beispielsweise auch bedürftig sind und die Wohltaten anderer annehmen dürfen, und wir kommen nicht umhin zu erkennen, dass wir nicht nur gut sind und dass aus so viel Einseitigkeit des in Frage zu stellenden Guten durchaus nicht nur Gutes entsteht.

Doch wie können Sie jetzt nach der Lektüre ganz konkret mit Ihren Gutmännchen umgehen, wenn Sie eine dieser Identitäten an sich entdeckt haben? Wichtig ist es zunächst, das automatisch ablaufende Muster zu unterbrechen. Sie müssen Zeit gewinnen, denn Gutmännchen sind ungemein schnell – vorschnell.

Die Verzögerung der Reaktion ermöglicht es Ihnen, sich folgende Fragen zu stellen:

- Liegt Lebensgefahr vor? Erfordert die Situation mein unverzügliches Handeln? Wenn Sie nicht gleich reagieren und zum Beispiel ins Wasser springen müssen, bleibt Zeit für weitere Fragen:
- Muss ich gleich alles geben? Oder kann ich bewusst das aus dem Abstand betrachtete passende Maß geben, das ich eventuell später steigern könnte?
- Darf der andere selbst darüber bestimmen, ob und in welchem Maße er meine Hilfe etc. bereit ist, anzunehmen? Also frage ich ihn am besten, worum er bittet!
- Geht es mir um die Bestätigung und das Vergnügen meines Gutmännchens? Oder geht es mir tatsächlich um das Wohlergehen des anderen? Dazu gehören auch seine Selbstbestimmung, seine Freiheit und Verantwortung, seine Selbstständigkeit, seine Entwicklung und Würde.
- Geht es mir nur um meine Gutmännchen oder geht es mir um gute und stabile Verhältnisse?
- Was würde das spontane und grenzenlose Wirken meines Gutmännchens anrichten? Und was möchte ich eigentlich erreichen?

Selbstverständlich ist das Ziel nicht, unsere Gutmännchen abzuschaffen, sie auszusetzen, ins Tier- oder Altersheim zu geben oder sie zu bekämpfen – das würde Ihnen auch kaum gelingen. Es geht darum, sie bewusst nach unserem Willen wirken zu lassen. Dazu gehört auch, dass sie unsere Grenzen und die der anderen respektieren lernen. Erst dann können sie tatsächlich das erreichen, was sie so liebend gern möchten: etwas Gutes! – Für uns, für den anderen und für das Verhältnis zwischen beiden. Und dazu gehört selbstverständlich auch das Einhalten der Grenzen zwischen uns!

Kindheit und Grenzen

Dieses Kapitel betrifft Sie möglicherweise, weil Sie selbst Mutter oder Vater sind und das Umgehen mit Grenzen in der Familie eines der wichtigsten Themen in der Erziehung darstellt. Auf jeden Fall betrifft es Sie, weil Sie selbst Kind waren. Waren die Grenzen damals erkennbar? Durften Sie Schritt für Schritt lernen, selbst Grenzen zu setzen? Unsere Erfahrung mit unseren Eltern und anderen Bezugspersonen in der Kindheit prägt uns und entscheidet mit darüber, wie gut wir in der Lage sind, uns abzugrenzen. Gleich, ob Sie selbst ein Elternteil sind oder nicht: Die folgenden Betrachtungen helfen hoffentlich dabei, für Ihre eigenen Schwierigkeiten auf diesem Gebiet mehr Mitgefühl zu entwickeln und sie aus einer größeren Perspektive zu betrachten. Dann kann es leichter werden, einen konstruktiven Umgang damit zu finden.

Auftrag der Natur: Wachsen und die Grenzen erweitern

Kinder wachsen und entwickeln sich. Sie entdecken die Welt um sich herum, erobern sich Räume, erweitern ihren Aktionsradius und ihr Revier. Sie sind stolz und glücklich, wenn sie heute erreichen, was sie gestern noch nicht konnten. Offen für die Welt, interessieren sie sich für alles um sie herum. Jede kleine Expansion ist ein Erfolgserlebnis, das sie motiviert, noch weiter zu gehen, noch größere Herausforderungen zu bewältigen. Mit ihren Kräften und ihrem Vermögen, Verantwortung zu tragen, erweitern sie ihre Grenzen. Das ist Auftrag der Natur.

Gesunde Kinder gehen, so weit sie können. Wenn sie an eine Grenze stoßen, dann geben sie sich nicht so leicht damit zufrieden. Sie versuchen es immer wieder, bis sie die Grenze spüren. Das gilt in Bezug auf ihre eigenen Grenzen ebenso wie für die Grenzen der Menschen ihrer Umgebung. Darum sind es immer wieder Kinder, die uns Erwachsene auf unsere Grenzen aufmerksam machen. Sie finden mit großer Sicherheit unsere schwächsten Stellen. Damit fordern sie uns heraus.

Aufgabe der Erwachsenen ist es, Kindern dabei zu helfen, mit ihren Grenzen und ihrer Begrenztheit umzugehen. Sie müssen erst lernen, ihre eigenen Grenzen zu erkennen und einzuhalten und ebenso die Grenzen anderer wahrzunehmen, zu achten und zu respektieren. Zum Beispiel die unseren. Sie können es noch nicht. Und die Lektion ist nicht eben leicht, denn nicht immer gibt die Welt Zeichen, und nicht jeder Mitmensch weist sie darauf hin. Und die Erwachsenen, von denen sie es lernen müssten, kennen sich oft selbst nicht mit ihren eigenen Grenzen aus. Als Trainingspartner geben sie häufig nicht gerade ein gutes Beispiel beim Einhalten ihrer eigenen Grenzen und bei der Respektierung der Grenzen des Kindes. Sie nehmen sie oft selbst viel zu spät wahr oder wagen es nicht einmal, selbst Grenzen zu setzen.

Grenzenlosigkeit ist oft erlernt

Viele Eltern sind stolz auf ihre selbstlose Fürsorge für ihre Kinder. Sie tun alles für den Nachwuchs und gehen dabei über ihre eigenen Grenzen hinweg. Auch in Zeiten des Friedens und des Wohlstands glauben sie, sich aufopfern zu müssen. Sie geben alles und manchmal zu viel, wenn sie zum vermeintlichen Wohle der Kinder auf so vieles selbst verzichten. Manchmal geben sie es sogar auf, ein eigenes Leben mit eigenen Bedürfnissen zu führen, als Paar und als Individuum, wenn sich am Ende alles nur noch um die Kinder dreht. In solchen Familien werden Grenzen ignoriert. Man nimmt sie nicht wahr, übergeht sie, seine eigenen Grenzen, die Grenzen des Partners und die Grenzen der Kinder.

Doch das Terrain ist gefährlich, denn auch diese Eltern, die alles zum Wohle ihrer Kinder tun, sind nicht unbegrenzt. Sie neigen dazu, sich ständig zu überfordern, und dann werden sie zu ihrer eigenen Überraschung von ihrer eigenen Begrenztheit eingeholt. Es trifft sie genau dann, wenn sie sich am schwächsten fühlen. Gerade in diesem Moment ist es ihnen am wenigsten möglich, ihre Reaktion auf die Überforderung noch zu steuern. Sie rasten aus, und dann können sie in einem Moment all das, was sie über lange Jahre aufgebaut haben, zerstören. Friedfertige Eltern werden handgreiflich, Wertschätzung verkehrt sich in Verachtung, Liebe in Hass. Wer nicht explodiert, der implodiert mit Symptomen und Krankheit oder mit einem Zusammenbruch des eigenen Energiesystems. All das ruft beim scheinbaren Grenzverletzer, dem oft nichtsahnenden Kind, Betroffenheit und Schuldgefühle hervor.

Die Überforderung wird häufig dem scheinbaren Grenzverletzer angelastet oder als eigener Ausrutscher betrachtet, doch sie ist Konsequenz der eigenen Selbstüberforderung, die wiederum Folge eines idealistischen Menschenbildes ist. Das Erschrecken darüber und die Schuldgefühle danach verstärken gewöhnlich nur den viel zu hohen Anspruch. Aus dem Bedürfnis, diesen »Ausrutscher« wiedergutzumachen, versuchen Eltern dann noch bessere Eltern zu sein. Sie strengen sich noch mehr an, ihre Bedürfnisse zu ignorieren und ihre eigenen Grenzen zu übersehen, was gewöhnlich nur dazu führt, dass sie bald wieder viel zu weit über ihre Grenzen gehen und dann abermals ausrasten – ein Muster, das zum Selbstläufer wird. Wer davon betroffen ist, konzentriert sich gewöhnlich darauf, das Ausrasten am Ende zu vermeiden, doch die darin gestaute Energie ist dann längst nicht mehr steuerbar. Es wäre fruchtbarer, im Vorfeld zu verhindern, dass sich Groll und Ärger anhäufen können: dadurch, dass man sich erlaubt, sich selbst und seine Bedürfnisse zu spüren, die eigenen Grenzen wahrzunehmen, um den Ärger rechtzeitig zu erkennen und für sich zu sorgen.

Kindheit in vermintem Gelände

Manche Kindheit ist vom Fehlen erkennbarer Grenzen überschattet. Ein solches Ausrasten der Eltern muss man übrigens nicht häufig erlebt haben, damit es sich in Seele und Gehirn einbrennt, es reicht völlig, es drei-, viermal überstanden zu haben. Auch wenn man danach noch am Leben ist, geht jedes Mal eine Welt dabei unter. Das Kind hat erfahren, dass es sich auf unsicherem Boden bewegt. Die Liebe, auf die es soeben noch gebaut hat, kann sich jederzeit in zerstörerische Gewalt verwandeln, die Kraft und Überlegenheit der Eltern, in deren Schutz man sich eben noch geborgen fühlen konnte, werden plötzlich zur Bedrohung der eigenen körperlichen Unversehrtheit und des puren Überlebens.

Während in einer solchen Familie der Raum zwischen Eltern und Kindern keine Grenzen erkennen lässt, die man rechtzeitig wahrnehmen, beachten und einhalten könnte, zeigt sich die Liebe der Eltern plötzlich als äußerst begrenzt. Nichts widerspricht dem Wesen der Liebe mehr als Begrenztheit. Sie hatte sich von einem Moment auf den anderen in ihr krasses Gegenteil verkehrt. Eigentlich hätte sie sich da erst als Liebe bewähren müssen, als das Kind sie scheinbar am wenigsten verdient hatte. Doch das Kind musste erfahren, dass sie ihm genau dann entzogen wurde, als es sie dringend gebraucht hätte. Zum Ausgleich wird es danach vielleicht häufig mit Liebe erdrückt und gebunden, wenn es lieber frei wäre, um sein Revier zu erweitern und die Welt zu erkunden. Die Familie ist nun nicht mehr rettender Hafen, sondern der gefährlichste Ort auf der Welt, der sich plötzlich in die Hölle verwandeln kann, wenn man gegen geheime Regeln verstößt.

Auf diese Liebe kann man als Kind nicht bauen. Kinder, die das erfahren haben, suchen nach Erklärungen und Gesetzmäßigkeiten: Unter Einhaltung welcher ihnen bisher verborgenen Bedingungen erhält man Zuwendung tatsächlich als Liebe? Und unter welchen Begleitumständen verändert sie sich so abrupt in ihr Gegenteil? – So wird Liebe, zu deren Wesen es eigentlich gehört, bedingungslos zu sein, eine Liebe, die an vermutete Voraussetzungen gebunden ist. So glaubt das eine Kind, dass es die Liebe immer dann verliert, wenn es versucht, sich zu behaupten. Ein anderes erkennt, dass es mit Gewalt zu rechnen hat, wenn es einen eigenen Willen zeigt. Wieder ein anderes nimmt an, wenn es vital und unbeschwert ist oder wenn es sich stark fühlt und sein Revier erweitern möchte, geht die Liebe verloren. Ein anderes Kind glaubt, wenn es bestimmte unerwünschte Gefühle zeigt, und noch ein weiteres, wenn es überhaupt Gefühle ausdrückt … Die Schlüsse, die Kinder ziehen, können sehr unterschiedlich sein, doch sie prägen das weitere Leben. So setzen sie sich Programme, die sie auch später noch als Erwachsene einhalten müssen, selbst wenn sie die genaue Formulierung und den Anlass, aus dem sie entstanden sind, längst vergessen haben.

Von Generation zu Generation: Wie das Muster weitergegeben wird

Wer Grenzen vor allem im Zusammenhang mit Ausrasten, Gewalt, körperlichen und seelischen Verletzungen oder mit Krankheit, Symptomen und Schuldgefühlen kennengelernt hat, der hat gewöhnlich eine Abneigung gegen Grenzen entwickelt. Es wird ihm schwer fallen, seine eigenen Grenzen wahrzunehmen und anderen Grenzen zu setzen. Die Erfahrung der Vorzüge von klaren Grenzen fehlt ihm hingegen, zum Beispiel hat er nie Sicherheit und Selbstbestimmung, die Freiheit, Stärke und Verantwortung durch respektierte Grenzen erleben können. Grenzen werden dann häufig auch abgewertet und in den Zusammenhang gebracht mit geistiger Enge und Engherzigkeit, mit Beschränktheit. Menschen mit dieser Erfahrung werden, wenn sie selbst Eltern sind, Grenzen häufig ignorieren und über sie hinweggehen, über ihre eigenen und meist auch mit viel Wohlwollen über die Grenzen des Kindes, und so das alte Muster weitergeben.

Die Grenzen des Kindes erkennen und respektieren

Das eigene Revier mit seinen natürlichen Grenzen ist auch bei einem Kind Spiegel seiner Kraft, seiner Fähigkeiten und seines Vermögens, für sich zu sorgen, sich zu schützen und verantwortlich zu handeln. Was kann ich dem Kind zutrauen und was noch nicht? Um die Lage der Grenzen eines Kindes herauszufinden, muss man das Kind wahrnehmen und mit ihm im Kontakt sein.

Wer sein Kind zu eng begrenzt, der schwächt es. Vielleicht wird es sich in Gedanken umso weiter hinauswagen, doch es kann sich real nicht entfalten. Die Kluft zwischen dem Realen und dem Erträumten klafft mit der Zeit weiter und weiter auseinander. Das Kind kann dann auch nicht mehr einschätzen, was es sich zumuten kann, welchen Herausforderungen es gewachsen ist und was über seine Kräfte hinausgeht.

Wer seinem Kind hingegen zu weite Grenzen setzt und ihm zum Beispiel zu viel erlaubt, der überfordert es. Es wird notgedrungen in Situationen kommen, die weit über seine Kräfte hinausgehen und die es nicht mehr beherrschen kann, und muss notgedrungen daran scheitern. Dann fällt das Kind zunächst zurück in eine Situation mit viel engeren Grenzen. Es wird sich schwach fühlen, schwächer, als es eigentlich ist.

Auf beide Weisen lässt man das Kind im Stich. Man schwächt es, ohne es zu wollen. Noch vertrackter ist es, wenn man Kindern in einem Moment zu enge Grenzen setzt und im nächsten Moment zu weite. Sie wechseln von der Unterforderung in die Überforderung und wissen nicht mehr, was sie sich zumuten können und was nicht.

Dieses Hin und Her der Grenzen lässt sich noch dadurch steigern, dass man die Grenzen, die man setzt, dem Kind gegenüber gewissermaßen geheim hält – zum Beispiel weil man sie selbst nicht kennt und weil man sie immer erst zu spät bemerkt. Die Reaktion des Kindes kann man sich vorstellen. Es wird hin- und hergerissen sein zwischen Situationen scheinbar freier Expansion und möglicher Verletzungen von Grenzen, wenn es auf unsicherem Boden zu weit gegangen ist.

Das Deuten und Raten, wo denn heute wohl die Grenzen liegen, führen dazu, dass sich ein Kind ständig in den Erwachsenen hineinversetzen und sich mit ihm auseinandersetzen muss. Die Unklarheit der Eltern oder anderen Bezugspersonen verhindert Selbstständigkeit und Reifung. Im Extremfall vermitteln Eltern Doppelbotschaften: »Du darfst expandieren, aber wehe, du nimmst diese Erlaubnis in Anspruch!« »Wachse und werde groß und stark, doch bleib Mamas kleiner Sonnenschein!«

Wenn ein Kind spürt, dass sein erobertes Lebensterrain und seine Grenzen klar sind und respektiert werden, dann kann es seine Aufmerksamkeit von kleinlichen Grenzquerelen und von Scharmützeln abziehen und seine Aufmerksamkeit auf seine Entfaltung richten.

Grenzen geben Sicherheit

Klare Grenzen geben einem Kind Sicherheit. Sie geben eine Erlaubnis: Hier ist dein Revier, hier kannst du lernen, Verantwortung zu tragen, Entscheidungen zu treffen, du darfst es selbst gestalten. Auch die Grenzen, die Eltern einem Kind setzen, geben ihm Sicherheit, selbst wenn es das zunächst mit Enttäuschung und Murren beantwortet. Meist folgen noch ein paar Versuche, die Grenzen zurückzudrängen oder aufzuweichen. Doch wenn die Eltern dann nachgeben, macht der Umstand, dass sie offenbar nicht standhalten können, das Kind durchaus nicht glücklich. Denn die Eltern haben sich dadurch als schwach erwiesen. Auf sie kann man sich vielleicht im Ernstfall nicht verlassen. Und diese Erfahrung verunsichert wiederum das Kind.

Würden die Eltern auch dann nachgeben, wenn es darum ginge, das Kind gegen Bedrohungen zu schützen und zu verteidigen? Eltern demonstrieren durch das Setzen einer Grenze und dadurch, dass sie auf der Einhaltung dieser Grenze bestehen, Stärke und vor allem Verlässlichkeit. So konsequent würden sie auch bei einer Bedrohung das Kind verteidigen. Das Kind kann sich, wenn das geklärt ist, in Sicherheit seinen Interessen und Herausforderungen zuwenden und seinen Raum selbstbestimmt ausfüllen. Es kann unbeschwert Kind sein.

Was in meinen Bauch kommt, bestimme ich!

Können Sie sich auch noch an Szenen wie diese erinnern? »Ein Löffelchen für Mama, ein Löffelchen für Papa …« Und wenn es zum Löffelchen für Tante Bertha kam und Sie wirklich keinen Brei mehr essen mochten, dann hieß es vielleicht sogar: »Da wird Tante Bertha aber traurig sein. Und dabei hat sie dir so ein schönes Bilderbuch geschenkt!« Wer kann da noch nein sagen! Besonders, wenn er noch so klein ist.

Auf diese und ähnliche Weise hat man Generationen von Kindern das Gespür für ihre eigenen Grenzen ausgetrieben und ihre Abgrenzungsversuche manipulativ unterlaufen. Die Fähigkeit, sich abzugrenzen, war nicht erwünscht, sondern Gehorsam. Nur Jasager waren willkommen. Dabei ist das Erkennen und Verteidigen der eigenen Grenzen eine wichtige Lektion fürs Leben. Sie entscheidet später darüber, ob wir der Medienflut gewachsen sind oder ob wir uns von ihr überschwemmen lassen, ob wir später unser Gewicht in einem gesunden Bereich halten und ganz allgemein mit Konsum und Geld in einer Überflussgesellschaft umgehen können. Ebenso darüber, ob wir uns vielleicht schon im Kindesalter rechtzeitig möglichen Übergriffen entziehen können.

Auf der anderen Seite die Verführung: All die schönen Sachen, die aufgetischt werden! Wer möchte sie nicht gleich haben und wer möchte nicht alles auf einmal haben? Ein Kind muss erst lernen, sich zu begrenzen. Eins nach dem anderen. Es gibt noch die uralte Angst in uns, zu kurz zu kommen, leer auszugehen. Sie stammt noch aus Zeiten, als es nicht genug für alle gab. Damals war alles begrenzt, da musste man sich gar nicht selbst begrenzen. Heute ist es wichtig, »nein danke« zu sagen, wenn es genug ist.

Eine typische Situation: Vor dem Kind steht der Teller, der zu voll ist. Entweder hat das Kind sich selbst zu viel aufgeladen oder es waren die Eltern. Doch so lernt man nicht, mit seiner Grenze umzugehen, denn man landet auf diese Weise immer in einem Misserfolg. Es wäre eine gute Lektion, die Portion den realen Möglichkeiten des Kindes anzupassen. Für Eltern heißt das, den Teller nicht zu voll zu laden. Es heißt auch, das Kind mit dem Hinweis zu begrenzen, dass noch mehr im Topf ist und dass es noch mehr haben kann, wenn der Teller leer ist. Dann hätte das Kind auch ein Erfolgserlebnis, das bewältigt zu haben, was es sich vorgenommen hat, den Teller leer gegessen zu haben.

Welcher Zustand wird im Kind als angenehm, vertraut und familiär geborgen verankert? Die dumpfe Sattheit, wenn man eigentlich zu viel gegessen hat? Oder der Zustand wacher und kraftvoller Zufriedenheit? An der Grenze geht es einem am besten. Das gilt auch für Kinder, und ebenso gilt es für das Essen. Bekanntlich soll man, wenn es am besten schmeckt, aufhören. Oder ein, zwei Bissen danach, weil man es als Kind vielleicht immer noch nicht glauben kann. Man ist nicht mehr hungrig und zugleich wach und lebendig, voller Energie. Und jeder weitere Bissen würde einen schwächen. – Diese Erfahrung kann man allerdings nur machen, wenn es bei Tisch genügend Ruhe zum langsamen Essen gibt, denn das Gespür, genug gegessen zu haben, stellt sich immer erst mit einer kleinen Verzögerung ein.

Faszination der Medien

Wir sind mit einem Gehirn ausgestattet, das selbsttätig nach Reizen sucht. Früher, also in der »Vorzeit«, war es für unser Überleben wichtig, in Bezug auf drohende Gefahren sofort orientiert und über das Nahrungsangebot im Bilde zu sein. Unser Gehirn hat sich seither kaum verändert. Auch heute im Informationszeitalter sucht es immer noch nach Reizen, um unsere Existenz zu sichern, auch wenn wir unter einer zunehmenden Reizüberflutung durch die Medien leiden. Selbst Erwachsenen fällt es schwer, nicht ständig auf die Reize der Informationsflut zu reagieren. Mancher kommt nach einem anstrengenden Arbeitstag nach Hause und freut sich auf die Ruhe, die er nun genießen kann, doch er hat nicht damit gerechnet, dass sein Gehirn von sich aus nach Reizen sucht. Und so landet mancher gegen seinen Vorsatz doch wieder vor dem Fernseher. Am Ende hat er die eine Überstimulation nur gegen eine andere eingetauscht. Wenn so viele Erwachsene nicht mit der Medienflut umgehen und sich begrenzen können, wie sollte man da erwarten, dass es Kinder schon können? Und häufig sind wir nicht einmal in der Lage, ihnen ein gutes Beispiel zu geben.

Meiner Meinung nach schätzen viele Eltern den Fernsehkonsum als viel zu harmlos ein. Die hübsche Kindersendung enthält weder Sex noch Crime, und trotzdem können all die Bilder und rasch aufeinander folgenden Schnitte schnell zu einer Überreizung führen. Die Zeit des Stillsitzens vor dem Fernseher geht der Zeit für Spiel und Bewegung verloren. Zu viele Reize in Kombination mit Bewegungsmangel – das ist eine gefährliche Mischung!

Eltern müssen den Kindern eine Grenze setzen beim Fernsehen, denn allein sind die meisten Kinder damit überfordert, denn hinter jedem Bild lauert noch ein weiteres Bild. Und wie gehen all die Geschichten weiter? – Wer in die Welt der faszinierenden Bilder geschlüpft ist, der spürt oft seinen Körper nicht mehr. Dann nimmt er auch nicht mehr wahr, wie es ihm dabei geht und dass er seine Grenze des Medienkonsums längst schon erreicht hat.

Die Zeiten vor dem Fernseher oder vor der Spielkonsole müssen deshalb bewusst begrenzt werden. Bei der Bewegung ist es genau entgegengesetzt. Da kann es in unserer Zivilisation eigentlich keine Obergrenze geben, nur eine Mindestgrenze: So viel Bewegung muss stattfinden, damit es uns noch gut geht. Es gibt einen Zusammenhang zwischen körperlicher Betätigung und der Fähigkeit, Reize zu verarbeiten. Je mehr Bewegung, desto mehr Belastung durch Reize und Stress können wir ertragen. Wie wäre es, die Begrenzung des Fernsehkonsums abhängig zu machen vom Einhalten des Mindestmaßes an Sport und Bewegung?

PETRA, *Mutter von zwei heranwachsenden Töchtern, hat zu Hause eine neue Währung eingeführt. Scherzhaft nennt sie die Gutscheine, die sie nach abendlicher Beurteilung verteilt, »Miles and more«. Für eine Stunde Sport und Bewegung erhalten die Töchter die Erlaubnis, zwanzig Minuten fernzusehen. Seither wählen sie die Sendungen viel bewusster aus. Sie nehmen auch immer wieder deutlich wahr, dass es ihnen viel besser geht, wenn sie draußen gespielt und sich dabei bewegt haben, als wenn sie vor dem Fernseher gesessen haben und danach im Grunde überreizt sind. Dadurch lernen sie übrigens auch besser. Auf Petras eigenes Leben und Wohlbefinden wirkt sich die Regelung ebenfalls günstig aus: Mit ihrem Mann macht sie viel häufiger Abendspaziergänge, mal eher bewegungsorientierte und mal gemütliche zur Entspannung, bei denen man dieses und jenes in Ruhe besprechen kann. Seither schläft sie bedeutend besser. Auch ist viel mehr Harmonie ins Familienleben eingekehrt.*

Kindern Grenzen aufzeigen

Kinder müssen in ihrem eigenen Interesse lernen, ihre Grenzen wahrzunehmen. Sie müssen auch die Grenzen der anderen erkennen und respektieren lernen. Wenn diese nicht offensichtlich sind, ist die beste Lösung, sich darüber zu verständigen. Das ist allemal besser, als die Grenzen unnötig nah zu setzen.

JAKOB, *vier Jahre, ist ganz versessen auf Hunde, besonders die großen haben es ihm angetan. Seine Mutter freut sich daran, dass er die Tiere so gern mag wie sie. Die Freude, Hunde zu streicheln, möchte sie ihm nicht nehmen. Und wenn der Hund an der Leine ist, meint sie, dann kann doch eigentlich gar nichts passieren …*

ANGELIKA, *fünf, ist ganz zutraulich und jeder, der sie sieht, findet sie einfach süß. Sie hat mit Fremden bisher nur gute Erfahrungen gemacht. Da sie ein sehr braves Mädchen ist, verbieten ihre Eltern ihr kaum etwas. Seitdem sie auf dem Weihnachtsmarkt einmal verloren gegangen war, hat sich das geändert. Panische Ängste bei den Eltern, Tränen bei Angelika. Jetzt gibt es klare Regeln, damit so etwas nicht wieder passiert: Manchmal kann man Grenzen auch ganz konkret in Metern messen. Und wenn sie sich weiter entfernen möchte, um zum Beispiel eine Krippe länger zu betrachten, dann muss sie bitte sagen, wohin sie laufen möchte, damit die Eltern sie im Auge behalten können.*

Klarheit gegenüber Kindern ist gut, doch beachten Sie bitte: Totalverbote mit Formulierungen wie »immer« und »nie« sind lebensfremd und wirken eher wie Blockaden oder können ein Kind auf Dauer hemmen. Wie soll ein Kind zum Beispiel reagieren, wenn ein fremder Hund sich ihm nähert und von sich aus freundlichen Kontakt aufnimmt, um gestreichelt zu werden? Und wie lange hält es das Kind aus, wenn es immer an der Hand gehen soll? Vielleicht entfernt es sich dann, wenn die Eltern zum Beispiel Bekannte begrüßen und abgelenkt sind, und kennt dabei gar keine Grenzen. – Man kann sie ermuntern zu fragen: »Entschuldigen Sie, darf ich Ihren Hund streicheln?« Oder: »Darf ich zu dem Stand dort drüben mit den Lebkuchen gehen?«

Doch wie sollen Kinder die Grenzen von anderen erkennen und respektieren, wenn viele Erwachsene nicht zu ihren Grenzen stehen und sich nicht trauen, sie rechtzeitig auf freundliche Weise deutlich zu machen? Gerade im Verhältnis zu Kindern gibt es erstaunlich viel Heuchelei. Viele Erwachsene glauben zum Beispiel, jedes Kind süß finden zu müssen. Und manche meinen, alles erlauben zu müssen, wenn sie denken, dass auch die Eltern es zulassen würden, obwohl es ihnen nicht gut dabei geht. Dass man Kindern auf diese Weise Doppelbotschaften vermittelt und sie in Bezug auf Grenzen verwirrt, macht man sich nicht klar. Da lächelt die nette Nachbarin, es sei ja nicht so schlimm, als der Kleine sich am Sofa die Schokolade von den Händchen streift, während sie innerlich kocht. Sie weiß nicht, über wen sie sich mehr ärgern soll, über den Kleinen? Über seine Mutter, die immer nur selbstverliebt den Jungen betrachtet, oder über sich, weil sie es nicht gewagt hat, rechtzeitig einzuschreiten?

Im Kontakt mit anderen Kindern ist die Lektion der Grenzen für ein Kind oft viel leichter zu erlernen, denn Kinder sind unverstellter als Erwachsene. Sie regulieren sich untereinander. Doch von Erwachsenen unbeeinflusste Kontakte gibt es leider immer seltener.

Grenzverhandlungen

Die Lage der optimalen Grenze entlastet beide, Eltern und Kinder. Beide dürfen sie selbst sein. Beide können für ihre Bedürfnisse eintreten. Dieser Zustand ist körperlich spürbar. Um diesen Zustand zu erhalten, muss man sich in offenen Grenzverhandlungen darüber austauschen. Sie könnten zum Beispiel am Geburtstag des Kindes stattfinden oder am Vorabend: Wie ist es im vergangenen Jahr gelaufen? Wie hat sich das Kind entwickelt? Was kann es bewältigen, und wo fehlt es noch? Wie viel Verantwortung kann und möchte es jetzt tragen? – Solche Gespräche würden die Freiheit und Entfaltung des Kindes auch an seine Verantwortung binden.

Das Grenzensetzen begrenzen

In manchen Familien werden den Kindern laufend Grenzen gesetzt, doch je mehr Grenzen ihnen gesetzt werden, desto weniger setzen die Eltern diese Grenzen tatsächlich durch. Und das hat wieder zur Folge, dass die Eltern meinen, ihnen noch mehr Grenzen setzen zu müssen, obwohl auch diese Grenzen von den Kindern nicht eingehalten und von den Eltern selbst übergangen werden. Oft verschärft sich der Ton dabei. Das Ergebnis bleibt jedoch dasselbe. Die gesetzten Grenzen werden von den Kindern nicht ernst genommen. Wie sollten sie auch solche Grenzen ernst nehmen, da die Eltern sie offenbar gar nicht ernst gemeint haben? Verstöße haben nur zur Folge, dass weitere Grenzen formuliert und auch wieder nicht durchgesetzt werden. Fast scheint es, als habe sich eine Art Spiel daraus entwickelt. Auf jeden Fall ringen beide Seiten miteinander. Meist endet das Spiel laut und manchmal auch mit Tränen.

Wenn zu erkennen ist, dass sich hier etwas auf diese Art verselbstständigt hat, wäre es sinnvoll, dieses Spiel zu beenden. Die Lösung kann nur vom Klügeren kommen. Unterbrechen Sie diese Dynamik und begrenzen Sie das Grenzensetzen. Formulieren Sie weniger Grenzen, doch dort, wo es wirklich notwendig ist, beharren Sie darauf, dass diese eingehalten werden! Schauen Sie die Kinder an, wenn Sie zu ihnen so sprechen. Und sprechen Sie nicht im gereizten Ton – der gehört noch zum alten Spielchen –, sondern sachlich und klar. Zentrieren Sie sich, machen Sie eine Ansage! Nur so können die Kinder erkennen, dass es sich nicht um eine Fortsetzung handelt, sondern dass diese Grenzen ernst gemeint sind. Manchmal ist es nicht gerade leicht, aus so einem endlosen Spiel alleine wieder herauszukommen, weil es oft eine lange Vorgeschichte hat und längst zur Gewohnheit geworden ist.

Nur begrenzte Grenzen sind haltbar – auch im Umgang von Erwachsenen mit sich selbst

So wie mit uns in unserer Kindheit umgegangen wurde, so gehen wir später häufig auch mit uns selbst um. Oder wir versuchen, genau das Gegensätzliche zu tun, und geraten in einen inneren Konflikt. Wie wurden uns Grenzen gesetzt? Waren sie klar? Waren sie haltbar? Konnte man sie leicht umgehen oder ignorieren? Und wie wurde auf Grenzüberschreitungen reagiert?

Was für den Umgang mit Kindern gilt, das passt deshalb oft auch auf unsere Selbststeuerung. Wer kennt sie nicht, die allzu guten Vorsätze vom Altjahrsabend, sich selbst Einhalt zu gebieten, zum Beispiel beim Essen, Trinken, Konsumieren oder beim Arbeiten. Wenn wir uns die Grenzen viel zu eng und die Ziele viel zu weit stecken, dann können sie schon nach wenigen Tagen oder Wochen zusammenbrechen. Und mancher Gutwillige gibt dann gleich alles, was er sich vorgenommen hatte, auf und kehrt mit der Erfahrung, mal wieder versagt zu haben, resigniert in den alten Schlendrian zurück.

Wer zu viel will, erleidet schnell einen Rückschlag, ob es sich nun um die Diät handelt, das Arbeitspensum, den Sparplan oder das Sportprogramm. Vor allem, wenn man zu viele Ziele auf einmal verfolgt. Wer abnehmen will, zugleich keinen Alkohol mehr trinken und sich vielleicht auch noch gleichzeitig das Rauchen abgewöhnen will, geht wohl eindeutig über seine Grenzen hinaus. – Es sei denn, wir haben beispielsweise aus gesundheitlichen Gründen keine andere Wahl angesichts des Ernstes des Lage. Wenn Gefahr droht, dann verfügen wir über ganz andere Kräfte und reagieren entsprechend anders. Dann können wir unsere engere Selbstbegrenzung einhalten und entfernte Ziele erreichen.

Über die Abgrenzung hinaus

Wenn es Ihnen in bestimmten Situationen nicht gelingt, sich abzugrenzen

Ab und zu können wir in Situationen geraten, in denen es uns nicht gelingt, uns abzugrenzen. Es wäre verfehlt, sich dieses Misslingen selbst zur Last zu legen, denn damit würden wir uns nur noch mehr schwächen, und in der Folge könnten wir uns noch weniger gut abgrenzen. Denn oft gelingt es uns deshalb nicht, weil wir in dem Moment nicht stark genug und die Kräfteverhältnisse zu unterschiedlich sind. Vielleicht sind Angst und Schuld mit im Spiel oder wir fühlen uns wehrlos gegenüber einer Übermacht, all das kann unsere Abgrenzungsversuche unterlaufen. Vielleicht hat es uns auch nur an der erforderlichen Präsenz gefehlt. Wir waren mit anderem beschäftigt. Wir hatten zum Beispiel die Lage ganz anders eingeschätzt und nicht im Entferntesten damit gerechnet, dass aus heiterem Himmel und ausgerechnet von dieser Person ein Angriff auf unsere Grenzen ausgehen könnte.

Die Vorstellung von einem Leben, in dem es uns stets gelingen würde, uns abzugrenzen, stimmt nicht mit der Erfahrung überein. Durch ständige Abgrenzung nach unseren eigenen Vorgaben könnten wir auch allzu rasch in einen Zustand der Stagnation geraten. Veränderung würde nicht mehr stattfinden. Grenzverletzungen zeigen uns unmissverständlich unsere Schwachstellen auf. Wenn wir diese Herausforderungen annehmen, schenken sie uns die Gelegenheit und den Anstoß, uns zu entwickeln.

Nicht gar nichts machen: Zur Seite treten!

Wenn es uns nicht gelingt, uns in einer Situation abzugrenzen, ist das kein Grund zu resignieren. Uns bietet sich eine wertvolle Situation, in der wir viel über uns selbst erfahren können. Wenn wir genau hinsehen, erkennen wir bis ins Detail, wie es zu dieser Grenzverletzung kommen konnte und was alles dabei im Spiel war. Etwa, wo wir unachtsam waren oder was uns abgelenkt hat.

Genauso wie Sie sich beim Denken zusehen können (vgl. Seite 87), können Sie auch von unterschiedlichen Lebenssituationen innerlich Abstand nehmen und sich und die Situation distanziert betrachten – entweder im Nachhinein und nach einiger Übung auch in der Situation direkt. Das hat übrigens noch einen weiteren Vorteil: Sie fühlen sich dann nicht mehr hilflos und passiv, denn Sie können immerhin etwas tun.

SO GEHT ES

ZUR SEITE TRETEN

Wählen Sie zum Ausprobieren eine nicht sehr bedeutende Grenzverletzung in der nahen Vergangenheit, in der Sie sich näher betrachten wollen – später können Sie die Methode auch für wichtigere Situationen anwenden. Vergegenwärtigen Sie sich diese Ereignisse lebhaft und Schritt für Schritt vom Davor bis zum Danach: Wie dachten Sie? Wie schätzten Sie die Situation ein? Wie fühlten Sie sich? Und wie war Ihre körperliche Befindlichkeit? Erleben Sie dabei auch die Veränderungen, die dabei auftreten, denn im Vorfeld haben Sie wahrscheinlich anders gedacht, gefühlt und sich körperlich befunden als danach.

Dann verändern Sie Ihren Platz und zwar nicht nur in Ihrer Vorstellung. Bitte treten Sie beim Üben tatsächlich zur Seite, sodass Sie sich von außen sehen können. Sie betrachten sich wie eine andere Person, zum Beispiel wie einen guten Freund, der Sie darum gebeten hat, einmal auf die Angelegenheit zu schauen und Ihnen seine Erkenntnisse mitzuteilen. Sie können sich zwischen den beiden Plätzen zur Verdeutlichung des Abstands auch eine Glasscheibe vorstellen. Und wie wäre es, ganz konkret von der Terrasse oder dem Balkon aus durchs Fenster die Situation zu betrachten?

Wenn Sie sich so von außen anschauen, können Sie sich zum Beispiel folgende Fragen stellen:

- An welcher »Stelle« sind Sie getroffen worden?
- Können Sie dort einen Schwachpunkt an sich entdecken?
- Waren Angst, Schuld, Macht im Spiel?
- Fühlten Sie sich in dem Moment schwach?
- Waren Sie unterlegen?
- Waren Sie zu wenig wach und präsent?
- Hatten Sie die Situation anders eingeschätzt?
- Hatten Sie andere Erwartungen?
- Wie sind diese Erwartungen entstanden?
- Welche Gedanken, Theorien und Vorstellungen haben die Grenzverletzung ermöglicht?
- Wann hätten Sie sich noch rechtzeitig abgrenzen können?
- Welche Signale hätten Sie geben können?
- Wie hätten Sie sich verhalten können?
- Was hat alles die Abgrenzung verhindert?

Wichtig ist, dass Sie sich bei dieser Betrachtung keine Vorwürfe machen und keinen Druck auf sich ausüben. Denken Sie auch nicht vorschnell, sondern nehmen Sie zuerst und in erster Linie wahr, sonst entfernen Sie sich übereilt und viel zu weit von den Fakten. Und ohne diese Fakten würden Sie sich nur in Ihrem bereits vorher gedachten Denken über das bisher Angenommene wiederholen. – Vielleicht erinnern Sie sich an die ähnlichen Fragen vom Anfang des Buches (vgl. Seite 30). Diese Fragen sind spezifischer, und Ihre Antworten sind wahrscheinlich auch genauer geworden.

Wenn Sie machtlos sind: Den Schaden begrenzen durch innere Distanz

Gegen eine Übermacht können wir uns am wenigsten abgrenzen. Dann bleibt uns oft nichts anderes übrig, als Boden preiszugeben und die Situation hinzunehmen. Immer wenn Macht mit im Spiel ist, ist die Möglichkeit, sich im Äußeren abzugrenzen, eingeschränkt oder gar nicht gegeben. Jede spontane sichtbare Reaktion aus unserer Betroffenheit heraus könnte dazu führen, dass wir uns sogar noch mehr schwächen, am Ende noch mehr Verluste erleiden oder uns ins Unrecht setzen und unsere Situation verschlimmern.

Allein der innere Abstand kann uns dann ermöglichen, überlegt und vielleicht auch überlegen zu reagieren, nicht Amok zu laufen und nicht zu resignieren. Nur aus der Distanz können wir überhaupt erst den möglichen Handlungsspielraum entdecken und den klügsten Umgang mit der Situation wählen. Manchmal können wir auch nur zuschauen und müssen abwarten, bis wir uns konsolidiert und wieder gestärkt haben, um aus einer besseren Position heraus aktiv zu werden und die Situation zu verändern. Treten Sie also zur Seite und gönnen Sie sich innere Distanz.

Beispiele für Fragen, die in einer solchen Situation hilfreich sein können:

- Was ist Fakt?
- Wie sind die Kräfteverhältnisse?
- Was muss ich in dieser Situation hinnehmen?
- Was muss ich nicht hinnehmen?
- Was bleibt mir noch an Selbstbestimmung, Einfluss, Rückhalt?
- Welchen Spielraum habe ich?
- Wie kann ich diesen Spielraum unter den gegebenen Verhältnissen nutzen?
- Auf welche Weise kann ich in dieser Lage eine Erleichterung für mich bewirken?
- Wie kann ich den Schaden für mich so klein wie möglich halten?

Auch wenn es Ihnen zunächst wohl nur im Nachhinein gelingt, hat das Zur-Seite-Treten konkrete Auswirkungen: Sie verkürzen dadurch die Zeit der Resignation und Lähmung und verhindern, dass Zorn und Ärger Sie zerreißen.

Grenzenlos im Widerstand verstrickt?

Wenn wir uns nicht abgrenzen können, geraten wir häufig in einen Zustand des Widerstands gegen das, was uns bedrängt. Wir können es nicht hinnehmen: die Tatsache, dass andere sich so rücksichtslos und direkt oder heimlich und manipulativ Raum nehmen, dass andere unsere Grenzen verletzen. Das müssen nicht einmal konkrete Personen sein, es kann sich um politische oder wirtschaftliche Mächte oder gesellschaftliche Verhältnisse handeln. Vielleicht geht es auch gar nicht um den Missbrauch von Macht uns gegenüber, oft betrifft sie uns nur mittelbar. Uns erreichen Informationen und Nachrichten, zum Beispiel Berichte im Fernsehen über Gewalt und Gräueltaten. Damit sind auch immer Verstöße gegen Werte verbunden, die uns am Herzen liegen. Je weniger wir so etwas akzeptieren können, desto mehr geraten wir dazu in Widerstand. Das Wissen darüber nistet sich dann umso tiefer in uns ein. Dieser Konflikt nimmt Raum in uns und kann uns ganz beherrschen. Dann ist Abgrenzung noch weniger möglich. Es besteht sogar die Gefahr, dass wir uns durch unseren Widerstand an genau das angleichen, gegen das wir uns doch eigentlich wehren möchten. Dann sind wir zum Beispiel selbst intolerant gegenüber den Intoleranten und grausam – zumindest in Gedanken und Vorstellungen – gegenüber den Grausamen. Dann beherrschen uns unsere Gegner und das, was wir ablehnen, bis ins Innerste.

INGE *hört seit Langem schon die Nachrichten nur noch im Radio. Die Bilder im Fernsehen von Bürgerkriegen und Grausamkeiten gehen ihr zu nahe, und sie wird sie nicht so leicht wieder los. Im Fernsehen schaut sie sich eine Sendung über die Bergwelt an. Das Telefon hatte geklingelt, und jetzt kehrt sie vor den Bildschirm zurück. Inzwischen laufen die Nachrichten, Bilder von einem Bombenanschlag. Schnell stellt sie ab, doch das Bild von dem von Bombensplittern zerfetzten Kind hat sich ihr schon eingeprägt. Hektisch läuft Inge in der*

Wohnung herum. Am liebsten würde sie alle am Bürgerkrieg Beteiligten in ein Lager sperren. Sie macht ausholende Bewegungen, so als würde sie selbst Bomben werfen. Als sie erkennt, dass sie dann ja auch nicht besser ist als die Bombenwerfer, mag sie sich selbst noch weniger. – Mit dem strammen Spaziergang, den sie jetzt unternimmt, kann sie ihre Spannung ein wenig abbauen. Es gelingt ihr allmählich, sich auf die Hunde zu konzentrieren, die ihr Gassi gehend begegnen. Sie mag Hunde. Allmählich wird sie ruhiger.

Inge praktiziert eine Form des Zur-Seite-Tretens. Auch wenn es noch keine Lösung ist, wird sie danach wenigstens schlafen können.

Wenn Emotionen im Spiel sind

Gerade wenn wir emotional verstrickt sind, fällt uns Abgrenzung besonders schwer. Wir geraten in Stress, oft schon wenn wir nur an das Thema denken. In uns wird Energie wie zum Kampf mobilisiert, um uns und das, was uns wertvoll ist, zu schützen. Zugleich erkennen wir unsere Machtlosigkeit und müssen einsehen, dass wir nichts ausrichten können wie in dem Beispiel von Inge. Die Energie kann nicht abfließen, und wir befinden uns in einem geschwächten Zustand, sodass wir uns noch weniger gut abgrenzen können.

Auch bei unterschiedlichen Kontaktansprüchen von alten Eltern und ihren erwachsenen Kindern – typischen Grenzproblemen – sind in starkem Maße Gefühle und Emotionen im Spiel. Die Eltern wollen meist mehr Nähe und Kontakt, sie würden gern über ihre Kinder und deren Zeit verfügen, während die Jüngeren mehr Abstand brauchen, um sich zu entfalten und ihr eigenes Leben führen zu können. Bei den Kindern entsteht dann häufig ein innerer Konflikt zwischen einer Seite, die dem Anspruch der Eltern gern entsprechen würde, und einer entgegengesetzten Seite. Oft kommt es dann zu der inneren Vorstellung, die Eltern sollten dieses Begehren überhaupt nicht haben. Das ist jedoch auch nur wieder ein unrealistischer Wunsch, dieses Mal an die Eltern gerichtet. So steht denn ein übergriffiger Anspruch gegen den anderen. Der Konflikt erscheint unlösbar. – In einer solchen Situation hilft es, die folgende Methode anzuwenden:

ZWEIMAL JA SAGEN

Setzen Sie sich hin und stellen Sie sich Ihnen gegenüber die andere Person, von der es Ihnen bisher nicht gelungen ist, sich abzugrenzen, bildlich vor. Betrachten Sie von außen die Situation der anderen Person: Auch wenn Sie selbst sich in deren Lage vielleicht ganz anders verhalten würden, vollziehen Sie von außen und mit Distanz betrachtet die Schlüssigkeit nach, welche Interessen und Bedürfnisse das Gegenüber hat und wie es seine Belange vertritt. Können Sie eine Logik darin erkennen? – Es geht dabei nicht darum, sich in die andere Person empathisch einzufühlen, auch nicht darum, die Haltung des Verständnisses einzunehmen. Diese Person ist anders. Sie denkt, fühlt und verhält sich anders als Sie. Sie lebt gewissermaßen in ihrer Welt, so wie auch Sie in Ihrer Welt leben. Können Sie Ja sagen zur Existenz Ihres so anderen Gegenübers und seinem Lebensrecht?

Es kann sein, dass Sie erst um dieses Ja ringen müssen. Vielleicht hilft Ihnen der Gedanke an die Schöpfung: so viele unterschiedliche Wesen im Garten Eden. Und vielleicht denken Sie auch daran, dass Entwicklung stattfindet und sich immer noch fortsetzt, auch die Entwicklung jedes einzelnen Menschen. Auch Sie waren früher anders als heute. Auch Ihr Gegenüber hat seine Geschichte und sein Recht auf Entwicklung, ebenso wie Sie. Dazu gehören ebenfalls Fehler und Irrtümer, alle Arten von Unvollkommenheiten.

Wenn Sie dazu Ja sagen konnten, dass der andere so ist, wie er ist, dann wenden Sie sich in der gleichen Weise sich selbst zu. Aus Ihrer Lebensgeschichte und aus Ihrer Situation ist es schlüssig, dass Sie Ihre Interessen und Ansprüche vertreten. Es ist nicht nur Ihr Recht, sondern Ihre Aufgabe, Ihre Position einzunehmen, in Ihrem Revier selbstbestimmt zu handeln und Ihre Grenzen zu wahren. Sagen Sie Ja zu sich und Ihren Grenzen.

BIANCA *hat Probleme mit ihrer Mutter. Diese ist fast doppelt so alt wie sie, noch rüstig und lebt allein und zurückgezogen, eine Autostunde entfernt in einer kleinen Ortschaft. Ihre einzige Tochter ist offenbar der Kontakt, auf den sie Wert legt. Sie erwartet von Bianca, die ebenfalls alleinstehend ist, dass sie an jedem Wochenende zu Besuch kommt.*

Bianca fährt mit steigendem Widerwillen zu ihrer Mutter, sie nimmt wahr, dass in ihr Zorn aufsteigt, wenn sie nur an ihre Mutter denkt. Und wenn sie bei ihr ist, kann sie ihre Gereiztheit kaum unterdrücken. Die Besuche werden ihr zur Qual. Umso enttäuschter ist ihre Mutter, denn sie erhält so, wie es zwischen ihnen läuft, nie die Liebe und Zuwendung, die sie sich so sehr wünscht. Darauf erhöht sie ihre Ansprüche an Bianca und macht ihr noch mehr Druck. Das wiederum verhindert, dass Bianca liebevoll auf sie zugeht … – So kann es nicht weitergehen. Bianca hat bereits Versuche unternommen, Grenzen zu ziehen. Sogar mit Kontaktunterbrechungen hat sie es probiert, mit vorgeschobenen Verpflichtungen, mit erfundenen und tatsächlichen Krankheiten. Doch all das hat ihr nicht helfen können.

Bianca probiert die Methode »Zweimal Ja sagen«: Sie setzt sich auf einen Stuhl, in ihrer Vorstellung sitzt vor ihr in ihrem Sessel die Mutter. Bianca nimmt mit innerem Abstand die Situation, die Lebensgeschichte, die Wünsche und Ansprüche ihrer Mutter wahr. Kann sie dazu Ja sagen? Wenn sie die Situation ihrer Mutter und deren ganzes Leben aus der Distanz betrachtet, erkennt sie, dass die überzogenen Erwartungen nachvollziehbar sind, auch wenn sie viel zu hoch sind, sodass sie nicht erfüllt werden können. Bianca kann Ja sagen. Ihre Mutter darf diese Ansprüche haben, auch wenn sie ihnen nicht nachkommen kann.

Und jetzt geht es um das zweite Ja. Kann Bianca ihre eigene Position, ihre eigenen Bedürfnisse, Wünsche und Vorstellungen annehmen und zu ihnen stehen? Die Frage erscheint ihr zunächst merkwürdig. Dann erkennt sie, dass sie bisher nicht wirklich Ja dazu gesagt hat. Eine Seite in ihr glaubte, es der Mutter recht machen zu müssen und es auch zu können. Sie bemerkt auch Schuldgefühle in sich, wenn sie ihre eigenen Bedürfnisse erfüllen möchte. Es dauert etwas, bis sie erkennt, dass ihre eigene Position bislang nicht klar war. In ihr tobte ein innerer Konflikt, der sie im Kontakt mit der Mutter schwächte. Endlich sagt sie bewusst Ja dazu, dass sie auch etwas anderes vom Leben erwarten darf als nur die Besuche bei ihrer Mutter, die nie zufrieden ist. Sie entscheidet sich: Ihre Mutter darf ihre Bedürfnisse haben, und sie, Bianca, hat ein Recht, ihren eigenen Vorstellungen zu folgen.

Jetzt erst kann Bianca endlich die Ansprüche ihrer Mutter so stehen lassen. Sie reduziert die Häufigkeit und die Dauer der Besuche so, dass sie ihre eigenen Wünsche berücksichtigt und es ihr dabei noch gut geht. Bei den Besuchen ist sie entspannter und liebevoller. Die Klarheit ist offenbar auch bei ihrer Mutter angekommen. Diese übt mittlerweile weniger Druck aus. Sie erhält ja insgesamt auch tatsächlich mehr von dem, was sie sich wirklich wünscht: liebevolle Zuwendung und Nähe.

Wie kann es kommen, dass diese einfache Veränderung der Wahrnehmung der gegensätzlichen Lebenssituationen wie im Falle von Bianca bei so vielen Menschen eine so befreiende Wirkung hat und Abgrenzung ermöglicht?

Ein Grund liegt wohl darin, dass sie ein grundsätzliches Erkennen der Begrenztheit des anderen enthält. Allein dadurch erscheinen er und sein Anspruch an uns als weniger mächtig. Wenn wir ihn mit seiner Geschichte, in seiner Situation und mit seiner Bedürftigkeit sehen, können wir ihn relativieren. Wir erkennen die Schlüssigkeit der Logik seiner Position und betrachten seine Interessen als Folge davon. Danach fällt es uns dann leichter, uns selbst in derselben Weise zu betrachten. Wir entdecken dabei auch unsere Gemeinsamkeit: Wir beide haben unsere Geschichte, leben in unseren jeweiligen Situationen und Begrenztheiten und haben beide Interessen und Bedürfnisse. Diese unterscheiden sich nur darin, dass sie teilweise entgegengesetzt sind. Wenn es uns gelingt, den anderen anzunehmen, dann ist es uns oft erst möglich, auch uns anzunehmen und zu unserem Anspruch auf Selbstbestimmung zu stehen.

Viele von denen, die diese Methode mit Erfolg anwenden, berichten davon, dass ihnen bewusst geworden ist, dass sie sich zuvor häufig in einem inneren Konflikt befunden hatten. Eine Seite in ihnen hatte tatsächlich die Position des Gegenübers vertreten, eine andere die eigene. Damit war der äußere Konflikt in sie selbst hineinverlagert worden. Selbst wenn es ihnen unter diesen erschwerten Bedingungen gelungen war, ihre Grenze zu wahren, hatten sie danach manchmal sogar Gewissensbisse, denn der innere Konflikt ging weiter, selbst wenn der äußere entschieden war.

Bianca aus dem obigen Beispiel berichtet, sie habe, nachdem sie erkannt hatte, dass ihre Mutter ihr gegenüber ausschließlich ihre eigenen Interessen vertreten hatte, den Mut gefunden, auch ihre Grenzen der Mutter gegenüber zu wahren. Die Situation hatte sich dadurch für sie geklärt, Abgrenzung war möglich und damit auch Koexistenz. Sie konnte die Ansprüche der Mutter bei ihr lassen und selbst zu sich stehen. – Das hieß übrigens auch nicht, in die Gegenposition zu verfallen und die Mutter gar nicht mehr zu besuchen, sondern in dem Maße bei ihr hereinzuschauen, dass es ihr noch gut dabei ging. Und manchmal schenkte sie ihr einen zusätzlichen Besuch, denn das machte auch sie glücklich. Wenn sie sah, dass ihre Mutter sich darüber freute, stärkte das auch Bianca selbst, und das wiederum erweiterte ihre Grenzen.

Die Methode des Zweimal-Ja-Sagens passt nicht nur auf die Abgrenzung gegenüber einem anderen Menschen, sondern auch gegenüber gesellschaftlichen Verhältnissen, Zuständen der Welt oder politischen Mächten. Auch Inge aus dem Beispiel einige Seiten zuvor hätte sie anwenden können: In einem solchen Falle stellen Sie sich bildlich und mit Abstand beispielsweise den betreffenden Staat mit seiner Geschichte vor, die Bürgerkriegsparteien und die sonstigen Beteiligten. Auch hier geht es darum, eine gewisse Schlüssigkeit zu erkennen, wie dieser Konflikt entstehen konnte, und das mit einem Ja anzuerkennen, selbst wenn Sie alles, was damit zusammenhängt, damit noch lange nicht billigen. Danach betrachten Sie sich von außen in Ihrer eigenen Begrenztheit und mit der Geschichte Ihres eigenen Landes und sagen auch zu sich Ja. Vielen gelingt es, sich danach besser gegen die Nachrichten und Bilder abzugrenzen und weniger emotional zu reagieren.

Die Idee der Durchlässigkeit

Wenn wir uns mit allem, das wir ablehnen und zu dem wir uns im Widerstand befinden, verstricken, dann wäre die Annahme von all dem die Lösung. Wir wären durchlässig. Vielleicht können Sie sich das Bild eines Yogis vorstellen, der in einer indischen Millionenstadt auf einer Verkehrsinsel mitten im (scheinbaren) Chaos des dichten Straßenverkehrs meditiert: All diese Reize können ihn offenbar nicht stören in seiner Meditation. Er erreicht den Zustand innerer Ruhe durch die Durchlässigkeit. Alle Hektik geht durch ihn hindurch, der Lärm und selbst die Abgase. Die einströmende Flut von Reizen wird durch keinerlei Widerstand festgehalten. Das ist nur durch völlige Annahme möglich. – Auch das Bild der annehmenden Freundlichkeit und Feindesliebe des Dalai Lama angesichts seines geknechteten Volkes taucht vielleicht vor Ihrem inneren Auge auf.

Durchlässigkeit ist ein sehr hohes Ziel, das wohl nur wenige Menschen erreichen können. Diesen idealen Zustand kann man nicht mit Willenskraft und Anstrengung erlangen. Vielleicht stellt er sich ein durch Verstehen, Annahme und Liebe. Doch auch ein Mensch, der solch einen Weg beschreitet, braucht den Schutz der Abgrenzung, damit er nicht immer wieder abirrt und zurückfällt. Dafür eignet sich gerade auch das geduldige Praktizieren der Methode des Zweimal-Ja-Sagens mit ihrer doppelten Annahme, die es einem ermöglicht, bei sich und auf seinem Weg zu bleiben. Abgrenzung und Durchlässigkeit schließen sich also nicht aus, vielmehr ist Abgrenzung die Voraussetzung der Durchlässigkeit. Die Lektion der Abgrenzung lässt sich nicht überspringen.

Mit dieser Durchlässigkeit ist selbstverständlich nicht das Ergebnis gemeint, das mit der klugen Empfehlung »zum einen Ohr rein, zum anderen raus« angeblich zu erreichen ist. Allerdings hat noch niemand verraten, wie das denn ganz konkret zu bewerkstelligen sei. Es handelt sich meines Erachtens auch nur wieder um einen dieser Sprüche, mit denen andere sich uns gegenüber abgrenzen, wenn wir zum Beispiel verbal verletzt wurden und emotional betroffen reagieren. Durchlässigkeit ist etwas anderes als Gleichgültigkeit und dumpfer Gleichmut. Die folgende Methode zeigt, wie wir praktisch üben können, etwas durch uns durchzulassen.

SO GEHT ES

DEN HINTERAUSGANG ÖFFNEN: VERWANDLUNG DES WIDERSTANDS IN ENERGIE

Manche Menschen entlastet diese Methode. Stellen Sie sich vor, dass all das, die Reize und Informationen, die Sie ablehnen und die Sie nun selbst durch Ihren Widerstand festhalten, durch eine offene Tür in der Brust zu Ihnen eingedrungen sind. Konzentrieren Sie sich auf das, was dadurch in Ihnen hervorgerufen wird. Verlagern Sie Ihre Aufmerksamkeit vom Inhaltlichen, von den Gedanken und Gefühlen, ganz auf die körperlichen Auswirkungen. Spüren Sie, welche Spannungen in Ihnen entstehen. Nehmen Sie diese Spannungen als Energiepotenzial wahr, das sich in Ihnen zusammengeballt hat. (Übrigens: Für welche Vorhaben könnten Sie diese Energie konstruktiv verwenden?) Wie viel Energie tut Ihnen gut? Wie viel Energie können Sie steuern? Und was ist zu viel und belastend? Stellen Sie sich nun vor, Sie hätten im Rücken einen Hinterausgang. Öffnen Sie den Hinterausgang und lassen Sie das Zuviel an Spannung und an Energie abfließen.

Vielleicht gefällt es Ihnen sogar, den belebenden Strom der Energie vom Vordereingang zum Hinterausgang in sich zu spüren, mit denen die ungeliebten Reize Sie so großzügig versorgen.
Die Erfahrung, die man mit dieser Methode erreichen kann, kommt an den Zustand der Durchlässigkeit heran und lässt erahnen, wie es wäre, so weit entwickelt zu sein, dass man in der völligen Annahme leben könnte.

Die paradoxe Wirkung der Abgrenzung: Begegnung und Entwicklung

Allgemein wird es von einem Menschen als Erleichterung erlebt, wenn er endlich in der Lage ist, sich abzugrenzen. Das Leben wird dadurch entspannter und harmonischer. Doch das ist nicht alles: Er hat erkannt, dass er selbst begrenzt ist, und nimmt seine Begrenztheit an. Jede konkrete Anwendung bewusster Zentrierungs- und Abgrenzungsmethoden wird zu einer Bekräftigung dieser Erkenntnis.

Wer zur Begrenztheit seiner Kräfte steht, der kann sein ganzes Potenzial nutzen und daraus Stärke entwickeln. Wer zu seinen Grenzen steht, der ist dort, wo er tatsächlich ist. Sie füllen Ihre Position aus und nehmen sich den Raum, der Ihnen zusteht. Sie sind nicht in der Vergangenheit und nicht in der Zukunft, sondern im Jetzt. Sie schwächen sich nicht länger dadurch, dass Sie sich viel zu weit von Ihren Grenzen entfernt halten. Sie überfordern sich nicht länger dadurch, dass Sie viel zu weit ausgreifen, zurückgeworfen und wirkungslos werden. Sie befinden sich im Bereich vor Ihren Grenzen, dort, wo Sie am stärksten sind. Sie sind weniger den Reizen, Ablenkungen und Manipulationsversuchen von außen ausgesetzt, Sie können sich auf das Feld begrenzen, auf dem Sie expandieren möchten. So können Sie im Realen die optimale Wirkung erzielen, die weit über Ihre bisherigen Grenzen hinausgeht.

Begegnung an sicheren Grenzen

Oft wird Abgrenzung zunächst verstanden als Trennung. Anfangs sieht es auch so aus. Wer sich abgrenzt, der stellt eine Art von Barriere zwischen sich und die anderen. Er hält sie und die Welt auf Distanz. Doch auf diese Weise gewinnen wir uns selbst zurück. Dadurch, dass wir zu unserer Begrenztheit als Mensch stehen, heben wir zugleich die Trennung von den anderen auf. Wir gehören jetzt dazu, sind nicht mehr von ihnen abgehoben, denn wir stellen uns nicht mehr insgeheim über sie. Wir sind zu einem von ihnen geworden.

Durch Abgrenzung entsteht Klarheit, Verhältnisse ordnen sich neu. Begegnungen verlaufen entspannter und kosten nicht mehr so viel Energie. Im Gegenteil, sie können stärken. Die Respektierung der Grenzen des Gegenübers schafft Vertrauen und ermöglicht Verlässlichkeit. Selbstbestimmt können wir anderen begegnen und uns auf Kontakte einlassen, Geborgenheit erleben, ohne uns selbst dabei zu verlieren.

Entwicklung an sicheren Grenzen

Es sind die Kraft und die Stabilität, die von sicheren Grenzen ausgehen, die es uns ermöglichen, die Herausforderungen anzunehmen, uns zu entwickeln. Denn auch wir werden dort erwischt, wo wir Schwachpunkte haben und uns nicht abgrenzen können. Doch wir können es uns gewissermaßen leisten, uns auf unwägbares Neuland zu wagen, weil die Grenzen auf anderen Gebieten uns Halt geben.

Es ist paradox: Die Annahme unserer Begrenztheit und das Sicheinlassen auf das, was ist, ermöglichen uns die Entwicklung über unsere Grenzen hinweg. Erst wenn wir unsere Grenzen annehmen, können wir sie überwinden. Dann leben wir aus dem Haben und nicht mehr aus dem Soll, denn wir können unseren Reichtum und unsere Möglichkeiten, mit denen wir gesegnet sind, erkennen. Gelassen können wir uns dann dem Leben stellen und einen Schritt vor den nächsten setzen.

Test zur Selbsteinschätzung: Wie gut können Sie sich abgrenzen?

Auf unterschiedlichen Gebieten können wir uns auch unterschiedlich gut abgrenzen. Dem einen gelingt es, auf beruflichem Gebiet seinem Gegenüber eine Grenze zu setzen, während er damit im privaten Zusammenleben noch Schwierigkeiten hat. Bei einem anderen ist es vielleicht umgekehrt oder noch ganz anders. Auch die Tagesform spielt dabei eine Rolle. Die anschließenden Fragen erlauben Ihnen einen Blick in den Spiegel, so können Sie sich ein Bild davon machen, wie es um Ihre eigene Abgrenzungsfähigkeiten bestellt ist.

Welche Aussage kommt Ihrer Antwort am nächsten?

Fällt es Ihnen schwer, anderen einen Wunsch abzuschlagen?

A Trifft nicht auf mich zu.

B Ich tue mich schwer damit und zögere mein Nein oft lange hinaus. Es klingt halbherzig und wird vielleicht sogar übersehen. Meistens fühle ich mich für die Erfüllung der Wünsche anderer verantwortlich, meine eigenen übersehe ich dabei leicht.

C Mehr und mehr gelingt es mir, anderen einen Wunsch abzuschlagen. Ich verweise dann zum Beispiel auf meine eigenen unerfüllten Wünsche. Wenn es mir einmal gelungen ist, plagt mich danach manchmal noch ein schlechtes Gewissen.

D Ich höre mir in Ruhe die Wünsche anderer an. Ich finde es in Ordnung, dass sie Wünsche haben, und ebenso ist es in Ordnung, dass ich dafür nicht zuständig bin. Manchmal macht es mir eine große Freude, wenn andere mir ihre Wünsche verraten und ich sie ihnen erfüllen kann – ganz aus freien Stücken.

Arbeiten Sie manchmal lange und ohne Pausen und stellen am nächsten Tag fest, dass Sie nicht leistungsfähig sind?

A Trifft nicht auf mich zu.

B Die Arbeit geht vor. Und wenn ich arbeite, dann geht es nur noch um die Arbeit.

C Es kommt darauf an. Manchmal vergesse ich es einfach. Wenn die Arbeit Spaß gemacht hat, stört es mich nicht einmal.

D Ich halte es für wichtig, bei der Arbeit dafür zu sorgen, dass es mir gut dabei geht und ich mich leistungsfähig erhalte. Gewissermaßen bin ich beim Arbeiten mein eigener Unternehmer und muss auf meine eigene Nachhaltigkeit achten. Am Ende zählt, was auf Dauer dabei herauskommt.

Geben Sie oft mehr, als es im Nachhinein gut für Sie gewesen wäre?

A Trifft nicht auf mich zu.

B Ich gebe gerne, auch wenn ich danach oft enttäuscht bin. Wenn ich irgendwann merke, dass ich keinen Dank erhalte und nur ausgenutzt wurde, werde ich bitter und dann gebe ich gar nichts mehr.

C Das passiert mir schon noch einmal, aber ich laste es nicht mehr den anderen an.

D Ich gebe gern, doch ich gebe erst einmal etwas und sehe dann weiter. Ich will nicht enttäuscht werden, und den anderen möchte ich nicht überfordern und in Verlegenheit bringen. Er soll selbstbestimmt bleiben.

Rasten Sie manchmal aus oder könnten Sie manchmal ausrasten?

A Trifft nicht auf mich zu.

B Das kommt vor, obwohl ich doch alles tue, um gerade das zu vermeiden. Danach bemühe ich mich umso mehr, alles wieder gutzumachen und ins Lot zu bringen.

C Das passiert mir nur noch, wenn zu viel auf einmal auf mich einstürmt und ich es nicht mehr steuern kann. Und wenn ich dann doch noch einmal überreagiere, dann längst nicht mehr so gravierend wie früher.

D Glücklicherweise merke ich schon vorher, dass etwas schief läuft. Ich besinne mich und versuche, es direkt anzusprechen. Wenn das nicht möglich ist, trete ich innerlich zur Seite oder verlasse die Szene, gehe kurz aus dem Raum, um mich selbst zu besinnen. Manchmal erkenne ich, dass ich um den Konflikt nicht herumkomme, doch eine rechtzeitige sachliche Auseinandersetzung ist mir lieber als auszurasten.

Haben Sie schon einmal einen Kontakt abgebrochen, der zuvor sehr eng war?

A Trifft nicht auf mich zu.

B Ja, gerade zu Menschen, die mir besonders wichtig waren und die mich tief enttäuscht haben, nachdem ich so viel für sie getan habe.

C Das kam früher einmal vor, doch habe ich gemerkt, dass ich mit diesen Menschen immer noch tief verbunden war, auch wenn ich den Kontakt abgebrochen hatte. Es war also keine Lösung. Ich sehe auch, dass ich rechtzeitig für mich und meine Grenzen hätte sorgen müssen.

D Ich gebe nicht gleich alles und achte aufs Gleichgewicht, dadurch kommt es gar nicht zu einer solchen Schieflage. Wenn ich etwas Störendes bemerke, spreche ich das an und kläre das oder ich lasse den anderen nicht mehr ganz so nah an mich heran.

Haben Sie manchmal das Gefühl, dass Sie anderen zu lange zuhören, dass Sie aber kein offenes Ohr finden, wenn Sie es selbst einmal bräuchten?

A Trifft nicht auf mich zu.

B Ich ziehe wohl solche Menschen an. Danach fühle ich mich wie ausgelaugt, während der andere offenbar erleichtert ist.

C Ich habe gemerkt, dass ich anderen gut zuhören kann und dass ich es eigentlich auch gern mache. Es schenkt mir das Erleben von Intensität und Tiefe, auch wenn es mich anstrengt, doch der Preis dafür erscheint mir als zu hoch.

D Wenn ich wahrnehme, dass sich das Gespräch als Einbahnstraße entwickelt, spreche ich es an oder kürze den Monolog des anderen ab. Zunehmend gelingt es mir, mein Anliegen einzubringen.

Erleben Sie das Zusammensein mit anderen häufig als anstrengend?

A Trifft nicht auf mich zu.

B Das trifft auf mich zu. Deshalb meide ich manchmal die Geselligkeit und bleibe allein. Mehr und mehr ziehe ich mich von Kontakten zurück.

C Das passiert mir nur noch, wenn ich sowieso schon müde oder angeschlagen bin.

D Ich nehme rechtzeitig wahr, wenn ich mich nicht mehr spüre und Energie verliere. Ich konzentriere mich dann wieder mehr auf mich. Ich frage mich auch, was da gerade passiert und wie ich besser für mich sorgen kann.

Verlieren Sie im Kontakt mit anderen manchmal auch Ihren eigenen Standpunkt?

A Trifft nicht auf mich zu.

B Wenn ich den anderen verstehe und mich in ihn einfühle, dann denke ich so wie er und verliere meine eigenen Interessen aus den Augen. Schwierig wird es für mich, wenn zwei Personen im gemeinsamen Gespräch unterschiedliche Positionen vertreten.

C Das passiert, wenn ich nicht aufpasse. Wenn ich keinen Standpunkt beziehe und meine Sicht hinterm Berg halte, dann fällt das auch niemandem auf.

D Ich schätze meine Fähigkeit, mich in andere Sichtweisen so gut hineinversetzen zu können, verliere jedoch dabei nicht den Kontakt zu mir und relativiere so die Position des anderen. Dass ich meine Ansichten durch die Gespräche mit anderen modifizieren kann, erlebe ich als Vorteil.

Sitzen Sie manchmal wie auf Kohlen bei einer Einladung? Fällt es Ihnen schwer, tatsächlich aufzubrechen, wenn Ihre Grenze erreicht ist und Sie gern gehen würden?

A Trifft nicht auf mich zu.

B Ich bleibe dann noch, auch wenn ich mich dabei manchmal schon sehr zusammenreißen muss. Es wäre ja unhöflich dem Gastgeber gegenüber, einfach aufzubrechen.

C Ich suche nach Anzeichen, ob einer der anderen Gäste auch schon müde ist, dann falle ich nicht so auf. Manchmal entschuldige ich mich auch damit, dass ich am nächsten Tag früh raus müsse und besonders viel auf dem Programm hätte, auch wenn das vorgeschoben und mir nicht ganz wohl dabei ist.

D Ich stehe dann auf und bedanke mich für den Abend und gehe. Wenn möglich, tue ich das diskret und drücke dabei aus, dass ich keine allgemeine Aufbruchsstimmung verursachen möchte.

Drücken Sie sich manchmal lange herum, wenn Sie eine Einladung nicht annehmen möchten?

A Trifft nicht auf mich zu.

B Ich sage meistens gleich zu, obwohl es mich nachher oft reut. Manchmal komme ich dadurch in Terminprobleme und muss nachträglich einen Rückzieher machen. Das ist mir dann peinlich und fällt mir schwer.

C Das kommt darauf an. Wenn es sich zum Beispiel um einen Vorgesetzten handelt, sage ich natürlich gleich zu. Bei anderen überlege ich es mir gut.

D Wenn es sich nicht um einen spontanen Anlass handelt, besteht gar kein Grund dafür, mich sofort zu entscheiden. Ich schaue zu Hause in Ruhe in meinen Kalender und überprüfe innerlich, ob ich die Einladung wirklich annehmen möchte. Wie ich eine Absage dann rüberbringe, ist übrigens eine ganz andere Sache, denn ich möchte durchaus nicht verletzen, und schon gar nicht jemanden, der mich einlädt.

Kümmern Sie sich manchmal um die Probleme anderer und stoßen auf Ablehnung, wenn Sie Lösungsvorschläge machen?

A Trifft nicht auf mich zu.

B Ich denke oft über die Probleme anderer nach und habe meist eine gute Lösung für sie, doch stoße ich damit meist auf Ablehnung, wenn ich sie zu überzeugen versuche. Leider weiß ich bei mir selbst oft nicht aus noch ein, und andere haben leider keine Lösung für mich, die ich annehmen könnte.

C Ich löse oft noch aus alter Gewohnheit in Gedanken die Probleme anderer, teile sie aber nur mit, wenn ich darum gebeten werde.

D Ich habe verstanden, dass jeder in seiner Welt lebt und an seinem Punkt seiner Entwicklung steht. Wenn ich von anderen darum gebeten werde, dann kann ich ihnen mit meinem Blick aus meiner Position helfen. Oft reicht es auch schon, anderen zuzuhören und ab und zu eine passende Frage zu stellen.

Essen oder trinken Sie häufig mehr, als Ihnen guttut?

A Trifft nicht auf mich zu.

B Oft höre ich erst auf, wenn der Teller, die Pralinenschachtel oder die Flasche leer ist. Danach fühle ich mich meist nicht gut. Manchmal sage ich mir sogar, dass mir ganz recht geschieht. In dem Moment nehme ich mir oft vor: nie wieder!

C Das passiert mir ab und zu noch, zum Beispiel wenn ich müde oder im Stress bin, doch das gleiche ich danach wieder aus, indem ich anschließend weniger konsumiere oder eine Diät halte beziehungsweise abstinent bleibe.

D Ich spüre mich und nehme genau wahr, was mir noch schmeckt und was mir nicht mehr guttut. Dadurch halte ich ein Gewicht, das meinem Wohlbefinden entspricht. Ich nenne es mein »Gleichgewicht«, das manchmal auch etwas schwankt und nicht unbedingt einem »Idealgewicht« entspricht, aber sich immer wieder einpendelt.

Nehmen Sie die Anliegen anderer wichtiger als Ihre eigenen?

A Trifft nicht auf mich zu.

B Häufig vergesse ich meine eigenen Anliegen in Gegenwart anderer. Zu spät merke ich dann, dass ich doch auch etwas auf dem Herzen hatte. Wenn ich mal wieder zu kurz komme, bin ich enttäuscht von den anderen.

C Wenn der andere mehr Theater um seine Themen macht, dann lasse ich mich manchmal noch beeindrucken und falle darauf rein. Ab und zu nehme ich meins auch zu wichtig und fühle mich dann nicht gut, weil ich zu viel Raum beansprucht habe.

D Wenn ich merke, dass die Anliegen anderer drängender als meine sind, dann lasse ich ihnen gern den Vortritt, ganz bewusst und ohne späteren Groll. Manchmal sorge ich dafür, dass jeder sein Thema »auf den Tisch legt« und wir uns mehr oder weniger darüber abstimmen, damit im Laufe des Abends jeder den für ihn erforderlichen Raum bekommt, sein Problem anzusprechen.

Fällt es Ihnen manchmal schwer, den Fernseher oder den Computer auszuschalten, und fehlt es Ihnen danach an ausreichendem Schlaf?

A Trifft nicht auf mich zu.

B Das passiert mir regelmäßig. Ich schlafe manchmal sogar vor dem Fernseher ein. Ich merke erst nachher, dass mir das gar nicht guttut, und ärgere mich dann obendrein noch.

C Ich merke es mit Verzögerung, doch es gelingt mir häufig nicht, den Fernseher abzuschalten oder etwas anderes zu tun. Manchmal kann ich die Leere, die dann eintritt, nicht gut ausfüllen und werde unruhig.

D Wenn es mir dabei nicht gut geht, zum Beispiel wenn ich zu lange fernsehe, spüre ich das deutlich. Dann entscheide ich, ob mir die Sendung tatsächlich wichtiger ist als mein Wohlergehen.

DIE AUFLÖSUNG

Wie häufig haben Sie A, B, C oder D angekreuzt?
Welcher Buchstabe überwiegt?

A Wenn Sie in der betreffenden Situation kein Problem mit der Abgrenzung haben, dann können Sie auf diesem Gebiet ganz entspannt sein und sich nach Wunsch entfalten. Wenn Sie bei allen oder fast allen Fragen mit A antworten konnten, dann kann dieses Buch Ihnen nur noch das Verständnis von Menschen Ihrer Umgebung vermitteln, für die Abgrenzung eine große Herausforderung darstellt.

B Sie haben eine Ahnung davon, wie sich fehlende Abgrenzung auf dem betreffenden Gebiet auswirkt. Wahrscheinlich spüren Sie bereits, dass es so wie bisher auf die Dauer nicht weitergehen kann. Von den Erkenntnissen und Methoden, die Sie durch die Lektüre erarbeiten können, werden Sie am meisten profitieren – vorausgesetzt Sie entschließen sich, selbst die Verantwortung für sich zu übernehmen und aktiv zu werden. Gehen Sie langsam vor, Schritt für Schritt. Beachten Sie auch dabei Ihre Grenzen, damit Sie sich nicht selbst überfordern.

C Sie haben bereits viele Einsichten gewonnen und die klare Absicht, für Ihre Grenzen zu sorgen. Sie haben auch den Mut dazu, die Techniken aus diesem Buch auszuprobieren, eine nach der anderen. Freuen Sie sich darauf, dass Sie sich mit der Zeit entspannter abgrenzen können. Dann wirkt das auf Ihr Gegenüber wie selbstverständlich, und das gibt auch ihm wiederum die erforderliche Sicherheit in der Begegnung.

D Sie gehen aktiv und gekonnt mit Ihren Grenzen um und verfügen bereits über gute Methoden, mit denen Sie Erfolg haben. Durch die Lektüre können Sie von der Erkenntnis weiterer Zusammenhänge, die Sie vielleicht schon erahnen, und durch zusätzliche Methoden profitieren und dadurch Ihre Kompetenz weiterentwickeln und abrunden.

Übersicht der Reflexionen, Experimente und praktischen Methoden

Danksagung

Danken möchte ich allen, die zu meinem Wissen und meinen Erfahrungen mit der Abgrenzung direkt oder indirekt beigetragen haben: denen, die mir meinen Mangel schon früh schmerzhaft bewusst gemacht hatten, und denen, die mir durch ihre Sichtweise und ihr gelebtes Beispiel ermöglicht haben, Erkenntnisse und Methoden zur Abgrenzung – zunächst für mich selbst, später auch für andere – zusammenzutragen und zu entwickeln.

Den Anstoß dafür, dass daraus ein Buch entstehen konnte, gab Dagmar Olzog, Leiterin des Programms Psychologie und Pädagogik des Kösel-Verlags. Ihr gilt mein besonderer Dank. Ebenso bedanke ich mich bei meiner Lektorin Heike Mayer für die bewährte gute und kreative Zusammenarbeit bei der Entwicklung des Textes und auch für die Formulierung des Titels »Bis hierher und nicht weiter«, der mein Anliegen so eingängig auf den Punkt bringt.

Literaturempfehlungen

Wahrnehmung

Paul Watzlawick: *Wie wirklich ist die Wirklichkeit?* München 1976

Focusing und Körperwahrnehmung

Eugene T. Gendlin: *Focusing. Technik der Selbsthilfe bei der Lösung persönlicher Probleme*, Reinbek 1998

Susanne Kersig: *Im Dialog mit dem Körper. Wie Sie mit Achtsamkeit Krankheitssymptome entschlüsseln und heilen*, München 2014

Hochsensibilität

Elaine N. Aron: *The Highly Sensitive Person. How to Thrive When the World Overwhelms You?*, New York 1996. Deutsche Ausgabe: *Sind Sie hochsensibel? Wie Sie Ihre Empfindsamkeit erkennen, verstehen und nutzen*, München 2005

Rolf Sellin: *Wenn die Haut zu dünn ist. Hochsensibilität – vom Manko zum Plus*, München 2011

Medienkonsum

Manfred Spitzer: *Digitale Demenz. Wie wir uns und unsere Kinder um den Verstand bringen*, München 2012

Flow

Mihály Csikszentmihályi: *Das Flow-Erlebnis. Jenseits von Angst und Langeweile im Tun aufgehen*, Stuttgart 2000

Mihály Csikszentmihályi: *Flow. Das Geheimnis des Glücks*, Stuttgart 2005

Markus Hornig: *30 Minuten Flow,* Offenbach 2013

Der erwähnte Titel »Vom Haben zum Sein«:

Erich Fromm: *Vom Haben zum Sein. Wege und Irrwege der Selbsterfahrung*, München 2005

KONTAKT ZUM AUTOR

Webseite: www.hsp-institut.de

E-Mail-Adresse: rolfsellin@t-online.de